싱크로나이즈드 바다 아네모네

김혜순

싱크로나이즈드 바다 아네모네

001   난다시편

ㄴㄴ><ㄷㄴ

시인의 말

이 시집 제목이 『싱크로나이즈드 바다 아네모네』인 것은
제가 어느 건물의 로비에서 커다란 어항 같은 화면에
처음 보는 생물이 하나 일렁이는 걸 보고 감동했기 때문입니다.

진정 나는 그 존재가 부러웠고,
깊은 바다 속에서 온갖 색깔을 뿜내며 혼자 표표히 고독하게 싱크로나이즈드하는
긴 촉수들을 만지는 듯했습니다.

그날 밤 저는 그 심해의 존재에 살포시 기대고 누워 있었습니다.
그것이 저라는 한 인간을 무척 위로해주었습니다.

그 화면 아래에는 그 존재의 명패
Sea Anemone가 적혀 있었습니다.
그다음 이 시집이 탄생했습니다.

2025년 가을
김혜순

차례

시인의 말　　　　　　　　　　　　　　　005

1부
그리운 날씨　　　　　　　　　　　　　012
초저녁　　　　　　　　　　　　　　　015
싱크로나이즈드 말미잘　　　　　　　　018
목덜미　　　　　　　　　　　　　　　020
쌍둥이 자매의 토크　　　　　　　　　　022
쓰레기통이 있는 풍경　　　　　　　　　024

2부
흙흙 노래방　　　　　　　　　　　　　028
가을　　　　　　　　　　　　　　　　031
결혼　　　　　　　　　　　　　　　　034
바람의 그림자　　　　　　　　　　　　036
미술관 카페테리아　　　　　　　　　　038
배터리 케이지　　　　　　　　　　　　040

3부
혼 몸 원　　　　　　　　　　　　　　044
문신 새기고 싶어　　　　　　　　　　　046

마음이 하는 온갖 짓	048
알라모아나	050
새에 대한 집요한 생각에 사로잡힌 새	052
태어난 침대와 죽는 침대	054
나 있던 곳	056
시각령과의 동거	059
망상의 세계가 구축되는 방식	062
전국, 연합하고 싶지 않은 여자들 연합	065
샴이었어 삶	068
고백적 진술 모임	071
우울의 머나먼 끝	074

4부

몽골까지 갔어	078
빛의 마음	080
모든 종류의 슬픔	082
Astral Projection review	086
오르간 오르간 오르간	089
The Hen's Scream	092

5부

깜빡 깜짝 윤회중	096
비명 철사 매미	098
벤조다이아제핀	100
끝없는 앰뷸런스	102
순교하는 나무들	104

만화경 세라핌 트리오	107
혀	110
오션 뷰	112
살림 차릴까?	114
백만 명의 뼈	116

6부

princess abandoned	120
노숙할머니음악인과의 대화	123
해파리 하우스	126
뺨에 닿는 손바닥	128
태안 설위설경 장엄구	130
얼음 밑에서 춤을 추듯이	132
아무것도 아니지만 아무것도 못하지만	134

7부

용접공과 조율사	138
하품과 기지개 사이의 우울증	140
더이상 거울에 비춰지지 않는 사람	142
납작한 세상은 부풀리면서 걸어야 해	144
흰 도살장 흰 가위	147
너에게서 깨끗해지는 법을 가르쳐줄래?	150
미술이 시각 중심에서 음악이 청각 중심에서 벗어나는 현상에 대해	152

마리나와 울라이 155
연인과의 타이틀매치 158
몸에서 나가는 연습 160
이제 우리집에 대해 말해줄게 162

8부

나는 늘 당신 심장을 바라보는 버릇 166
불면의 심포니 168
암컷 귀신 트라우마 170
까마귀 고기를 잡수셨나? 173
혼자 뒤돌아본 순간 176
저녁의 인형놀이 178

김혜순의 편지 181
Synchronized Sea Anemone — Translated by Mia You 185

1부

그리운 날씨

날씨와 나, 둘만 있어
다정했다 매서웠다 날씨의 기분

나는 날씨와 둘만 살아
날씨에 따라 당연히 옷을 갈아입고
춤춰줄까 물구나무서줄까 물어봐

날씨는 오늘 화가 많더니 울었어
나는 그 변덕을 사랑해

화의 날과 수의 날이 동시에 진행되면 너무 좋은 날
손뼉을 치면서 햇빛과 함께 빗줄기 맞으러 나가주지

나는 날씨를 혼자 두는 게 미안해서 늘 불면이야

날씨와 나 늘 둘이지만
아침이면 말하곤 해

날씨야 내가 너를 열어줄게

멀고먼 곳으로 열어줄게

날씨는 오늘 엄마 사라진 뒤의 나처럼
밝았다 잠들었다 바람 불었다 깨어났다

나 사라진 뒤의 어느 날에도 어제의 날씨처럼 그렇게

연못에 몸을 담그고 머리칼을 강아지처럼 흔들며
내일은 둘이 뭐할까?
미지근한 구름 속에서의 축축한 키스

화내고 파란 병 깨고 여름 구름
내 창문을 쾅쾅 치면 쫓아내고 싶지만

날씨에 촘촘히 박혀 떠나간 나날의 씨앗들이
어디서 활짝 피었는지 궁금하진 않아

오늘 지나고 나면 다시는 만날 수 없는 날씨에게
하루도 같은 하늘을 준비하지 않은
나의 날씨에게
어제 날씨는 없었던 것처럼
나는 늘 말해

이 세상에는 너와 나 둘이면 충분해

다른 건 필요없어

초저녁

유리잔 속에서 자고 갈래?
파란색 물에 뜬 파란색 샹들리에는 조금 촌스럽지만
그래도 자고 갈래?

자기 전에 물 마실래?
얼굴에 내려오는 수중식물의 가느다란 뿌리
곤충의 다리보다 더 가는 것
괜찮아 그것쯤이야
당신 얼굴 속으로 뿌리내리기는 아주 쉽지
당신 입꼬리를 살짝 올려줄까?
물의 세계에 온 걸 환영해
이건 어때?

두 발을 타고 작은 식물들이 올라오는 방식
평온하고 슬픈 망각의 방식
당신 몸에 식물들이 칭칭 감기는 장식

예배하라
식물과 합체된 물의 몸!

당신 입술엔 살짝 파란 거품
흐르지 않는 물에 매일 보태는 눈물
물에 잠긴 흰 새의 몸 냄새
흰색 망각

올빼미가 푸른 밤을 높이 날아가며 본 것
너와 내가 잠든 푸른 유리잔 한 개

잔에 뜬 푸른 얼음처럼 푸른 샹들리에
그 아래 깊은 물속에
우리

죽은 자들이 전해주는 어떤 나라의 소식

물속에 잠겨 가노라면 있는 나라
블루 라군 롱 드링크 버전
심연에는 우리를 부르는 이들의 수많은 손가락
손가락마다 미끄러운 투명 손톱들

레몬을 깔고 잠드는 시린 밤
우리에게 무관심한 이 슬픔
자기 전에 물 한잔 마실래?

우리를 천천히 들어 마셔버리는 초승달

싱크로나이즈드 말미잘

이게 나의 어느 순간의 일인지
네가 알아챘으면 좋겠어

나는 지금 아름다운 싱크로나이즈드 말미잘
물도 없는데
물속에 있는 듯

내 코에서 돋아나온 문어 같은 조갯살 같은 코끼리의 간 같은
널찍한 혀 같은
나는 식물도 동물도 어류도 파충류도 아니야

너를 감은 내 손이 갓 땅을 박차고 올라온 새싹 같고
너에게 기댄 내 머리가 커다란 꽃잎 같고, 아니야
한 대야 커다란 닭벼슬 같고

네게 노래 불러주면 나는 성별이 달라져
여자가 되었다가
남자가 되었다가 다시 여자도 남자도 아닌 자가생식의 성

너와 뒤척이면서 나는 인종이 달라져
레드 인종 블루 인종 핑크 인종
고음을 낼 땐 설치류의 얼굴이었다가
저음을 낼 땐 물에 사는 조류의 얼굴이었다가

내 몸에서 내 몸이 돋아나올 때
내 몸이 세상 전체일 때

이게 어느 순간의 일인지
네가 정말 알아챘으면 좋겠어

나는 명랑한 싱크로나이즈드 말미잘
내 몸에서 끝없이 돋아나는 천 개의 줄
물속인 듯 물 없는 공중에 일렁이는 기나긴 줄

이 줄로 아무것도 묶고 싶지 않아
아무것도 매달고 싶지 않아

나는 그냥 줄을 흔들고 싶어

나는 그냥 해삼 말미잘 문어 뱀장어 여자
내게서 솟아나는 수생식물을 내가 먹는 여자

목덜미

너무 좋은 자동차는 자동차가 아닌 것 같아
너무 좋은 집은 집이 아닌 것 같아
너무 좋은 풍경은 진짜가 아닌 것 같아

네가 너무 좋은데
이 자동차에서 나갈 수 없다는 거
지금 운전중이잖아
내 귓불은 건들지 마
내 목소리에 화음 올리지 마
자동차 곁에는 오늘 치 바람

천천히

너무 좋은 자동차는 자동차가 아닌 것 같아
자동차가 달리지 않는 것 같아

너무 슬프면 슬프지 않아
너무 무서우면 무섭지 않아

너무 좋아서 터널 같지 않은 터널을 지나
너무 좋아서 바다 같지 않은 바다를 지나
너무 좋아서 물속 같지 않은 물속으로 운행중

내 콧구멍 아래로 피가 나게 할까?
손가락을 살짝 베어볼까?

너무 좋은 자동차에서 잠들면 잠든 것 같지 않아
너무 좋은 잠을 자고 나면 잠자지 않은 것 같고

너무 좋은 너는 너 같지가 않아
너무 좋으면 아무것도 아닌 것 같아

쌍둥이 자매의 토크

여자들은 다 암양으로 만들어
그래서 하늘 높은 철봉에 매다는 거야
그 아래로 배도 지나가고 자동차도 지나가고
암양 집에는 먼바다로 만든 시계가 걸려 있지
매달린 암양들이 피를 흘려
뭔 얘기야
여자가 월경하는 얘기야

모래 속에서 혀를 백 개 가진
동물이 나타나
퇴적된 혀들이 산처럼 일어서
그 아래 퇴적된 팔들이 바다처럼 일어서
허리가 아프고 배가 아픈 괴물이 사막을 뒹굴어
수천 세기 동안 진행되는 얽고 얽히는 통증
퇴적된 입술 사이에서 붉은 용암이 흘러넘쳐
뭔 얘기야
여자가 월경하는 얘기야

아브람은 하나님에게

암송아지 암염소 숫양 비둘기 가져다가
몸을 반을 갈라서 바쳤어
그 쪼개진 가운데로 아브람이
데미안 허스트처럼 지나갔어
(창세기 15장)
양쪽에서 피가 구름 사이
빛의 장막처럼 흘러내렸을 거야
뭔 얘기야
여자가 월경하는 얘기야

내가 너에게
사랑해 말할 때
혀와 혀들이 퇴적된 혀들이
거대한 구름에 달린 혀들이
파상풍 걸린
하늘에 매달린 거대한 암양의 혀들이
거대한 코뿔소보다 더 거대한
밤의 피를 짜서 후루룩 먹는 것처럼
뭔 얘기야
여자가 월경하는 얘기야

쓰레기통이 있는 풍경

통에는 바퀴가 달려 있고

통 속에는 닭대가리들이 들어 있고
아직 눈뜨고 있고

떠나갔다 돌아오고
잡으려 하면 멀어지는
누가 누가 또 들어 있고

절반은 귀신 같고
절반은 미친 거 같은
임시처소의 가족들

쓰레기의 어원은 뭘까
국립국어원도 모른대
(홈페이지에 들어가봐라)
다만 동사 쓸다에 붙은 접미사 에기래

에기의 얼굴은 먹지 않아

에기의 갈비뼈도 먹지 않아
에기의 머리털도 먹지 않아

자몽껍데기
수박껍데기
대가리껍데기

우리는 둘이 동그랗게 붙어 서서
눈에 눈을 붙이고 있었는데
입술에 입술을 붙이고 있었는데

하지만 이제 서로를 못 봐
누가 반쪽을 잘라갔어

내출혈이 발생하면 풍경이 하얘

쓰레기통 옆에 떨어진
쪽쪽 빨린 하얀 심장을 봐

우리는 동그랬는데
우리 가운데로 칼이 지나갔어

떨어져 밟히는 하얀 내 손바닥이

우리가 갈라졌다는 그 증거야

우리 둘은 공처럼 꼭 붙어서 굴러다녔는데
나는 이제 내 반쪽을 못 봐
나는 엎어졌어

나는 음식점 쓰레기통 아래
이제 에기야

2부

흙흙 노래방

흙흙 속에 도착한 얼굴들이 뭉개지는 모습은 참 다양해
독버섯을 먹은 것처럼
안경은 깨지지 않지만
눈알은 깨지지

뭉개지는 얼굴 모습들은 참 다 달라
높은 곳에서 떨어진 것처럼
혹은 코끼리 앞발에 밟힌 것처럼
혹은 땅속 깊은 곳에서 쏘아올린 홀로그램처럼

이빨을 매단 초미세한 것들이
이빨을 매단 초거대한 것들을 향해 공습

혀는 흙흙 속에서 어떻게 될까?
눈알은 포도알처럼 미끄러질까?
입이 크게 벌어질 땐 허리를 굽혀!
법의학자에게 물어볼까? 강력계 형사에게 물어볼까?

염산에 얼굴이 녹는 것처럼 그렇게

마지막엔 찡그리고
얼굴을 감싸며

갈라지는 얼굴 표면은
코끼리의 살갗 같을까?
주정뱅이가 게워놓은 토사물 같을까?
바다가 게운 문어 해삼 성게알 같을까?

네 인종이 뭐였니?
그런 건 이제 알고 싶지도 않아

얼굴이 뭉개질 때가 가까워오면 누구나
제 얼굴 속에서 각자의 엄마가 나온다 하고
각자의 아빠가 보인다고 그러고

지하실 창문 밖에선 오열하는 얼굴이 만든
가짜 비가 내리고
큰 바람을 맞은 것처럼
노래는 늘 내 얼굴을 깨트렸지만

이렇게 방마다 얼굴이 뭉개지는 이 광경

이 광경을 묘사할 형용사는 어디에도 없을 거야

그러니 함부로 노래방 문은 여는 게 아니야
실내에서 이과수폭포 소리가 터져나오면
다들 놀라니까

깨진 내 안경은 돌려줬으면 좋겠어

가을

자동차 안에선 독수리가 운전하고 있다
독수리가 차에서 내리는 순간
낙엽들이 독수리를 따라 자동차 안에서 쏟아진다
독수리에게서 풍기는 오래된 냄새
깊어가는 병의 냄새인가
독수리의 네 갈래 발가락

곤충 부인들이 시들어가는 가로수 위에 올라앉아
긴 담뱃대로 담배를 피운다

예수님은 오토바이를 탄 폭주족 열두 제자를 거느리고
자체 제작 포도주 마시러 달려가시고

내 제자들 중 하나가
직장 내 태움으로 죽었다는 소식이 뒤늦게 왔다

거울에 상복을 입히고 거기에 절했다

눈물을 씻으러 들어간 수영장에서는

다이빙대 위에서 살림을 차린 신혼부부들
갓 분만된 아기들
아기들은 걸음마를 시작하기 전에
다이빙을 먼저 배우고

가로등 대신에 커다란 창들과 낫들이 서 있는 마녀들의 밤거리
맨홀 뚜껑 모자를 쓴
나는 독수리 할머니같이 검은 얼굴
주둥이를 표독하게 내밀고
이 나라의 종말을 중얼거린다

나는 이 눈빛만으로 세상을 빨간색으로 칠할 수 있어
저 산맥들이 빨갛게 무너지게 할 수 있어
분노에 가득찬 방광이 윙윙거리고

인간의 양쪽 귀에 얌전히 붙은 달팽이관들이
나선형으로 꼬아진 몸이 아파서 제 집을 벗어버리는
진짜 달팽이들의 신음 소리 듣고 있다

텔레비전을 시청하던 룸메이트가 갑자기 나에게 말했다
악마들은 다 속삭이는 목소리로 말해

수액이 하나도 남지 않은 낙엽들이
자기 자신의 몸을 찾아
온 나라 헤매고 있다

결혼

잉카의 공주가 내게 와서 말하길
온몸을 감싼 깃털 코에 건 코걸이 귓불에 건 귀걸이
새머리 모자를 쓰고 와서 말하길
금반지 옥반지 열 개 스무 개 끼고 와서 말하길
석상들마저 까만 머플러를 휘날리며 말하길
악사들마저 불붙은 악기를 불붙은 활로 연주하며 말하길

독수리의 발톱을 손톱마다 붙이고 와서 말하길
지가 낳은 알마다 그 손톱으로 깨트리면서 말하길
얼굴에서 까만 눈물을 흘리면서 말하길
온몸에 감은 까만 붕대를 풀면서 말하길
까만 땀을 내뿜으면서 말하길
역사책에 한 번도 등장하지 않은 어린 공주 미라가 말하길

평생토록 연약한 생물을 사탕처럼 까먹었으니

지금 당장 내가 콘도르와 결혼하러 가야 한대

축하한대

축하한대

바람의 그림자

바람이 세차게 불어오자
내 머리카락이 남의 것 같다
바람이 세차게 불어오자
내 머리카락이 식물의 것 같다

바람이 바람을 이기지 못한 새의 영혼처럼 오더니

내 첫번째 구멍으로 들어와서
내 세번째 구멍으로 나간다

바람이 세차게 불어오자
내 머리카락이 남의 것 같다
내가 그 남의 것들 뒤에 숨어
나를 유괴한 유괴범처럼 바깥을 내다본다

나는 호수 위
식물이 가득 심겨진 배 한 척처럼 흔들린다
배 아래까지 뿌리가 뻗어 있어 그나마 다행이다

나는 팔짱을 끼고 나를 안는다
바람이 떠미는 대로 흔들리자!
이 배가 머나먼 골짜기에서 여기까지 흘러온 것처럼

나에게서 무엇을 찾으려는가
무엇을 찾지 못하는가
절망한 바람
내가 한 겹 두 겹 벗겨지는 기분

바람이 이 세상의 흔하고 흔한 이별처럼 그렇게 오더니

내 다섯번째 구멍으로 들어와서
내 두번째 구멍으로 나간다

미술관 카페테리아

모델 일이 끝나면 다른 일이 기다린다
액자에서 나와 다른 액자로 들어가는 일

천장화의 천사들이 날개를 벗는다
말을 탄 사람들이 말에서 내려와 투구를 벗는다
벌거벗은 여자들이 옷을 입는다 안경을 쓴다

계단에서 추락사한 인부가 일어나 계단 밑에서 나온다
 웃던 사람들이 웃음을 거두고 소리치던 사람들이 소리를 거둔다
 물고문 후유증을 앓는 사람들 다리에서 못을 빼는 사람들 피멍을 씻는 사람들

 심지어 잘라진 머리통을 다시 목에 붙이는 사람들
 수염을 벗는 하나님 에스프레소를 주문하는 하나님

 그들이 몰려와 차를 마시고 샌드위치를 먹고 다리를 떤다
 포크와 스푼과 나이프들이 떠들어대는 소리

나폴레옹님, 주문하신 커피 나왔습니다
잠시 정적, 말에서 내린 그를 전부 쳐다본다

그는 키가 큰 도슨트다

몇십 년 전만 해도 이 미술관은 민주 인사를 잡아다가 고문하던
지하 육층까지 심문실이 늘어선 정보부 건물이었다

배터리 케이지

여긴 따뜻한 닭들이 많아
날아가서 안겨봐
깃털 속으로 파고들어봐
희미한 닭똥 냄새
할머니들이 가득한 병실 506호

우리나라 사람들은 눈물을 닭똥 같다 하잖아

눈이 쌓이듯 날개와 날개를 포개고
그 날개 속에 파묻혀봐
따뜻한 닭의 품속에 부리를 박아봐
닭들은 다 똑같이 생겼지
모두 같은 시간에 달걀에서 나왔을까
그렇지만 침대 위 닭들은 다 다르게 아파
간호사가 달려와서
그렇게 꽉 부둥켜안으면 안 된다고 말하지
밤이 오면 우리에게서 한정없이 빠져나온 깃털이
복도에 간호사실에 처치실에 탕비실에 가득 날리지
방사선 기사들도 갑옷을 털어보는군

닭들은 날지 못하지만
틀니를 빼놓고
침대 난간을 잡고 알만 낳지만
흰 눈만 첩첩이 쌓인 것처럼 포근하지
눈을 감으면 창문 밖에 나타난 유령 고양이들을 알아보지

내가 암탉을 안고
앰뷸런스에 탈 때는
대통령을 모시고 달려가는 의전 차량처럼
길 좀 비켜주면 좋겠어
달걀이 별보다 많이 뱃속에 들었거든

당신이 잠들면 장차 히알루론산이 되는
붉은 벼슬 찬란한
흰 닭 하나씩 나누어줄게
침대 위에 두면 좋을 거야

할머니들은 달걀을 낳고 다시 닭으로 태어나고
다시 달걀을 낳느라 당신 따위엔 관심 없지만

닭의 품안에서 잠들면 어디든 날아오를 수 있는 건 덤이야

한정없이 하늘을 날다 돌아와
달걀처럼 닭의 품을 다시 파고들어봐

3부

혼 몸 원

내가 몸을 망실하고 작은 동그라미 하나가 되어
길가에 앉아 있으니
유령 개가 다가온다 나를 삼키려 한다
내가 쓰다듬자 사라진다

나무에 기댄 여자가 있어
그 몸 위에 나를 올리니
소스라치듯 놀라며 나를 피해간다

나는 여자를 따라간다
함께 버스를 타고 함께 엘리베이터에 오른다
여자가 불안하다
나를 떨치려 스커트를 털고 머리칼을 턴다

나는 멀어서 가벼운 행성의 무게

나는 어제의 기도의 무게
나는 얄따란 정적의 무게

나는 뢴트겐 희미한 선인 양 여자의 안이든 밖이든 따라간다
여자의 집이든 사무실이든 자동차든 따라간다

나는 거대하지만 머나먼 빛의 궁륭
그러나 지금은 작은 동그라미 하나

나는 동그라미 테두리의 무한을 헤맨다

여자가 어느 순간 나에게 말을 건다
그만 따라오면 좋겠어

동그라미 하나 때문에 이렇게 생생하게 불안하다니

내가 여자를 쓰다듬자
여자의 혜성같이 큰 불안의 에너지가 느껴진다
여자는 다급하다 여자는 울고 싶다
여자는 작아지고 작아져서
작은 동그라미 안에 갇혀버린다

내가 그 작은 동그라미 안에 누워
나비 다리같이 가는 두 다리를
버둥거린다

문신 새기고 싶어

구청에서 글씨를 쓰고 있는데
글씨를 참 잘 쓰는구나
누구든 반말하는 아저씨가 나에게 반말한다
이럴 때 나는 문신을 새기고 싶은 마음

빌딩 옥상에 올라갔더니
한 청년이 나에게
비둘기 만질 줄 알아?
만져서 뭐하게?
죽이게
이럴 때 나는 문신을 새기고 싶은 마음

용서를 빌지 않는데도 네 거짓말을 용서하고
용서를 빌지 않는데도 또 그 거짓말을 용서하고
용서를 빌지 않는데도 또 그 거짓말에 대한 거짓말을 용서했는데
또 거짓말일 때는

빙 둘러앉아서 얘기하다가

남의 이빨 사이로 혀를 밀어넣어봤니?
마스카라를 짙게 칠한 그 여자가 물어볼 때
그 여자 눈썹에서 바퀴벌레가 한 마리씩 떨어지는 기분

나는 그 바퀴벌레를 잡아다가
문신을 새기고 싶은 기분

내가 나와 다시 만난 기념으로
문신을 새기고 싶은 마음

마음이 하는 온갖 짓

무너진 학교
옷을 벗은 복도
후드 입은 사람이 달려가며
그 학교에게 보여주는 사진 한 장

무너진 운동장
풀이 자라는 트랙
후드 입은 사람이 글씨를 쓰는 손처럼 달려가며
보여주는 비디오 한 편

무너진 집아 나 여기 살았었다
할머니랑 살았었다
파란 대야랑 살았었다
수도꼭지에 매달린 초록 호스랑 살았었다
외할머니와 막걸리 나눠 마시며 살았었다

무너진 학교야 나 여기 뛰었었다
다른 것은 지웠다

교실들이 획획 뛰었다
교무실이 획획 뛰었다
방과후 청소하는 아이들에게
교무실에서 새어나오던 짜장면 냄새

폐허가 된 학교 무너진 집 방치된 물웅덩이
후드 입은 사람을 위해
물웅덩이가 준비한 비디오 한 편
세상 모든 사람에게 깃들어 있는
어린이의 슬픔에 대하여

삼베옷 입은 외할머니가 파란 대야에 담긴
내 발을 건져올려 쓰다듬는 비디오 한 편

그리고
사라진 마을의 시선이 좇고 있는
후드

알라모아나

거울 속과 거울 밖의 두 사람
새를 임신했네

하나님은 초승달을 들어 내 목욕물을 휘젓고

치마를 입고 춤추는 남자들의 무아지경

무지개는 심심하다면서 어디서나 떠오르고

우리의 미래는 다 잡종이어야 해
배꼽에서 솟아오른 과일들이 노래하고

그 과일이 쪼개진 다음
나는 천국에 생매장당한 기분

마주앉은 좌뇌와 우뇌
천사를 임신했네

과육 속에 잠든 나는 자꾸만 잠이 들었네

거울 사이에선 새였다가 밖에 나오면 공주가 되는 분이
하루에 한 번 나에게 세례를 베푸시네

보이지 않는 하나님아
내가 담긴 어항을 모셔라
하늘 높이 들어올려라

거인이 입술 안에 머금은 붉게 끓는 화산이 넘치지 않게 하려면
모든 인종이 해가 지는 지점을 하루에 한 번씩 바라봐야 한다네

길에서 요리하는 사람들이 나에게
마늘로 만든 꽃다발을 선물했지만
기뻐서 어쩔 줄 모르는 나라의 모든 것은
우리나라에선 금지!

공항에 모인 사람들의 어깨엔 임시 날개를 뜯은 흔적

싱크홀에 턱 턱 빠지는 곳으로 돌아가야 하는 건 너무 잔인해

새에 대한 집요한 생각에 사로잡힌 새

무서워 떠는 사막인가 했더니
똥파리 곤충떼야
서울을 삼켜버렸어

어디 가는 귀신들인가
쫓았더니
새떼 그림자야
새들이 각자 자신들의 그림자를 알아보고 있어

2차성징에 음탕해진 고양이인가 했더니
커다란 뱀이야
여러 마리야
절대로 헤어지지 말자면서 서로를 감고 있어

귀신 되기 직전의 여자인가 했더니
까마귀떼야
옷자락처럼 흩어지더니
다 저기 앉아 있어

까마귀는 날면서 그 작은 눈으로 무얼 내려다보는지
싱싱한 죽음은 먹을 수 있는 것

혼자 사막에서 춤추는 턱시도인가 했더니
절대로 헤어지지 말자면서 내미는 너의 소맷자락이야
소맷자락이 열 개야 스무 개야
메마른 손가락이 백 개야 이백 개야

당신 손가락 하나를 잡았는데 내 귀에서 피가 나

도망치다 뒤돌아봤어
무서워 떠는 하나님인가 했더니
삼십 미터 산불 위를 날다가 불붙어 떨어지는 새떼야

내가 이 세상에서 목격한 모든 사건을
믹서기에 넣으면 이럴까

토네이도 구름처럼 날아오른 철새떼가
비행기 엔진 안으로 몰려들었어

태어난 침대와 죽는 침대

우리는 살아간다 하지만
단지 잠을 위해 사는 것일 뿐

꿈의 은행에 적금 부으려고
살아간다 할 뿐

우리가 도착하는 곳은 결국 침대야
우리가 자동차 타고 가는 곳, 결국 다 침대야

침대는 나를 침대에 끌어들이려 하고

침대에서 눈 감아라 하고
침대에서 춤추어라 하고
침대에서 날아라 하고

침대에서 머리카락을 길게 기르라 하고

침대에 지도 그리라 하고

우리만의 지도에 이름 붙여보자 하고

그렇지만 나는 침대에 누워
머리핀으로 자고 싶다 자고 싶다
벽에다 글이나 쓰고

결국 다 침대야
침대가 나를 망각에 내던지는 곳

자신이 태어난 침대에 누워 아기를 낳고
그 침대에 누워 숨을 거두는 여자

하루하루 생생한 고통을 침대에게 헌납하는 여자

얼마나 수많은 잠을 거쳐야
잠이 없는 세상에 도착할까

풍랑이 이는 바다에서
돛에게 매달리듯
펄럭거리는 망각에 매달려 사는 것일 뿐

눈뜨면 없는 잠에
나를 헌납하려고

나 있던 곳

어둠이 너무 짙어서
저절로 몸이 떠오르던 곳

간혹 눈을 감았다 떴지만
내 두 눈이 외로운 상처인가 했어

나는 누군가의 질문에 소리쳐 대답했지만
누구도 듣지 못했지

혼자 웃는 웃음으로
저절로 몸이 동그랗게 말리던 곳

나는 동그란 타악기
멜로디가 무엇인지 몰라
두들겨맞는 것만 알아

살로 된 천장
살로 된 벽
흐르는 거울

살 속에 파묻힌 미소

깜깜한 어둠 속에서 문둥이 엄마가
나를 껴안았어

줄에 매달려
그 줄로 박자가 들어오고

밝음을 몰라서 무섭진 않았어

오직 리듬으로 굵어지는 내 두개골

살이 울면 피 묻은 두 손으로
두 눈을 비볐어

온전히 자신에 관한 꿈만 꾸는 먼바다

불안의 검은 태양은 일몰을 모르고
우울의 갯벌이 늘 질척거리는

마음껏 리듬을 타면서
짐승에서 물고기가 되어가는 듯

시가 굵어지는 칠흑의 공사장
어둠이 자신의 새끼를 만드는 방

나의 첫 엄마가 나를 버릴 준비를 시작하면
죽음의 분만이 시작되었어

아침에 일어나면 검은 물고기가
내 품에 안겨 있었어

시각령과의 동거

카메라는 어디 숨어 있을까
나만 따라다니는 렌즈
그 뒤에 충혈된 눈

죽은 사람은 누구나 스토커가 되는 걸까?

방안에 떨어지는 사진들
나의 맥박은 카메라의 셔터가 되고
나의 호흡은 플래시의 트리거가 된 걸까?

내 허리까지 쌓이도록
사진이 가득 들어찬 컨테이너

시간이 쌓인 집에서는 혼자 살기 힘들어

집이 날 지켜보고 있는 기분

한 사람이 죽고
그 사람의 시선이 남아 충만한 집

일 분에 천 번
나만 출력하는 폴라로이드

손 없이 하는 촬영
손 없이 하는 인화

나에게 온 신경을 기울이고 있는
이 일인가정을 탈출해야겠어

왼쪽 눈은 오른쪽 눈이 있다는 걸 알고 있을까?
카메라는 오른쪽 눈을 찾아 헤매는 왼쪽 눈처럼
웅덩이 같은 얼굴 위에서 훌쩍훌쩍 고개를 돌리고

물에 뜬 사람과 물에 가라앉은 사람
사진 속의 나와 내 속의 사진

집이 혀를 끌끌 차는 소리
탁 하고 컨테이너 닫히는 소리
딸꾹질

저 지붕 위 하늘은 활짝 열린 조리개일까?
나에게 시선을 너무 집중해서 텅 비어버린 걸까?

이미 다 지나간 삶이야
페이지를 넘겨야 해
눈을 감아보지만
사진을 묶은 고무 밴드는 툭 터져버리고

스쳐지나듯 꿈속에 사는 사람은
자신이 살아 있다고 생각하는 걸까?
모든 나라의 해몽법은 다 똑같을까?

문명의 꿈에서 지금 막 깬 원시 인간처럼

죽은 사람과 사랑이 가능할까?
흑백의 몸과는 사랑이 가능할까?

방사선으로 찍은 사진을 사랑할 수 있을까?

이제 누구도 나를 알아보지 못하는데
너는 왜 나를 봐? 계속 봐? 나를 어디다 저장해놔?

이제 우리는 서로에게 사진이야

망상의 세계가 구축되는 방식

어디가 제일 사랑스러워?
내가 자기를 사랑하는 줄 알고
당신이 묻는다

나는 침대에 누운 당신의 눈부터 떼어서
흰 종이에 옮겨놓는다
다음엔 발가락들
젖꼭지도 옮긴다
이제 말 좀 그만하게
목소리도 옮겨놓는다

얼굴빛과 냄새도 옮겨놓는다
흰 종이에 계속 몸들이 쌓인다
이렇게 갖다놓으니
당신이 무슨 인종인지 모르겠다
당신이 무슨 성별인지 모르겠다
치아도 옮겨놓는다

나는 고대 고분 발굴 단장 같다

눈동자 안에 해가 지나가게
창문도 열어놓는다
냄새나는 입술에는 산소마스크도 씌워놓는다

우스꽝스러운 성기도 떼어놓는다
그다음 가슴도 옮겨놓는다
당신은 마치 장물아비의 물건들 같다
당신은 독수리가 내려다본
작게 쪼개진 부족 마을 같다

당신은 이제
나폴레옹의 음경
고흐의 귀
마리 앙투아네트의 치아
마리 퀴리의 골수
아인슈타인의 뇌
처럼 취급될 것이다

갓 부화한 새는 너무 작아서 사랑스러운데
갓 부화한 새에겐 내 전신을 기댈 수가 있는데

당신에게서 당신을 분리해서

내가 기댈 수 있을까?
나는 무엇을 사랑했을까?
사랑한다 말하려고 하면
왜 죄를 짓는 것 같았을까?
죄는 누구에게 짓는 것이고
벌은 왜 받는 것일까?
나는 당신의 혀뿌리도 목구멍도 달팽이관도
사랑했을까?

당신은 이제
당신의 종種을 잃었어

당신은 종의 고아야

나는 당신을 더 작게 자른다
손톱 사이로 포크레인을 집어넣는다

당신이 당신을 떠나
다른 것이 되려면
얼마나 작아져야 할까?

전국, 연합하고 싶지 않은 여자들 연합

우선 오리한테 가겠다
발레극장 백조의 호수 드레스 보관실같이
하얗고 포근한 오리네 집에 가겠다

얼굴에 그림 그려봤자
나는 내 얼굴 볼 수 없으니까
내 기분은 똑같이 꿀꿀하겠지만
그래도 우리가 서로 재미있으라고
얼굴에 오리 그리고 가겠다

댄스 배틀 서바이벌하는 사람처럼 그렇게 가겠다
훌라후프도 가져갈까?
다 꺼지라고 꽥꽥거리면서 가겠다

담장 위에도 올라가보겠다
그다음 깡충깡충 뛰어보자
코 잡고 빙글빙글 돌자 연합

네 활개를 펴고 누워보자 연합

전국, 오늘 집에 못 들어간다 연합
제일 못생긴 표정을 짓자 연합

백조의 호수 무용단처럼 해보자
주저앉았다가 발끝으로 일어나보자
다리도 번쩍번쩍 번갈아 들어보자

자신보다 어린 사람에겐
모두 추한 괴물로 보이는 법!
그러나 이렇게 명랑한 추한 괴물 연합
보신 적 있으신지?

형광봉 들고 가자
(참고로 말하자면,
나 이십대엔 치마엔 돌
주먹엔 화염병을 들었었다)
사단법인 와식 생활 연합
화분 안 죽이기 연합회
전국 고양이 집사 연합
(내향인)
(펄럭)
전국 깃발 준비 못한 사람 동호회

저 사람들 따라가보자 연합

그렇다면 우리는 전국, 백설 아기 오리 집사 연합

무조건 요리조리 아기 오리 데리고 가보자 연합

샴이었어 삶

식탁에 숟가락을 두 개 놓다가 생각한다
이제 이 여자는 죽었다
죽었지만 버릴 수는 없다

식탁 앞은 고즈넉하고
이 여자는 이제 소멸의 프로그램을 저 혼자 가동하느라
나에겐 관심 없다

한 사람이 병원에 가면 한 사람이 그 사람을 따라가고
한 사람이 화장실에 가면
또 한 사람이 가고 싶지 않아도 가고
한 사람이 아 여기 좋다 하면
거기가 좋지 않아도 같이 드러눕고
한 사람이 사랑하면
그 사람 사랑하는 데 쫓아가서
그 사랑이 끝나길 기다리고

한 사람이 다리에서 뛰어내리고 싶으면
또 한 사람은 그 순간 K-Pop 부르고 싶고

우리는 DNA 염기 서열이 같아요

한 사람이 법을 어기면 둘이 같이 감옥에 가죠

그런데 이제 가고 싶은 곳만 가고
하고 싶은 것만 할 수 있다

그래서 이제 이 여자는 나만 따라오게 되었다
무저항으로 조용하게 되었다

이제는 내가 108배를 할 때 저 혼자 오체투지하지 않는다

내가 너 없이 못 살아 우는 척 해도
같이 울지는 않지만 같이 어디든 간다
내가 비애로 긴장하면
자신도 웅크린다

내가 죽어주길 바라나?
같이 묻히길 바라나?

나는 짐을 싸서 떠날 수가 없다
우리는 같은 골반을 사용하니까

이 여자는 이제 그 컵 좀 줘 해도 건네주지 못한다

이 여자가 얼마나 무거운지
옆구리는 얼마나 아픈지
나는 내 몸을 내리쳤다

나는 용기를 내 이 여자의 이름
김 혜 순
또박또박 부른 다음
안녕
그렇게 덧붙였다
그런 다음 붙어 앉아서
나란히 피를 흘렸다

고백적 진술 모임

저 사람들의 열 손가락에는 손톱 대신 펜촉이 달려 있어
그 손톱들이 잉크를 흘리며 쓰고 있어

만약 쓰는 걸 멈추면
손가락부터 점점 마비가 올라와서
응급실로 가야 한대

나는 중독자였습니다
나는 사별자였습니다
나는 이방인이었습니다
결국 나는 생존자였습니다

혼자 있을 땐
수면제 속 난쟁이들의 광란 파티
그때도 자신에게 저렇게 말할까
나는 궁금해

둥그렇게 둘러앉아 계속 열 손가락으로 써야 한대
열 손가락도 모자라 귀걸이에 펜촉을 달고 있어

두 귀로도 쓰는 거래

목구멍에서 올라오는 붓으로도 써야 한대
잉크는 걱정 말래
바닷물에서 갓 올라온 사람처럼 어디서나 줄줄 새니까

저 할아버지 좀 봐
목소리가 가련한 여자아이야
그 목소리로 하루종일 쓰고 있어
너무 부끄러우면
일인칭을 버리고 삼인칭으로 써도 된대

그년은 버림받았습니다
그년은 맞았습니다
그년은 죽었습니다

계속 써야 한대
고백은 잘 팔린대
각각의 매니큐어 칠한 손톱에서 쏟아지는
색색의 잉크로 써야 한대
자기 얘기 하느라
남의 얘긴 안 들어도 된대
발설할 때의 전율은 아무도 가져갈 수 없대

눈물이 레몬이 될 때까지
레몬이 식초가 될 때까지

내가 나를 안을 수 있을 때까지

우울의 머나먼 끝

오늘은 인류의 마지막날
마지막을 지켜보자 같이 있자
저 하늘이 어떻게 되는지 보자
영하 삼십 도의 어느 겨울날처럼
공원에는 우리 둘밖에 없네

우리는 드러누웠다
이제 여행은 없겠다
이제 나만의 미슐랭 식당은 없겠다

우리가 없으면 비행기들은 뭘 할까
지진이 난 미얀마에서 보았지?
잡초들과 생쥐들과 참새들의 집이 되겠지

하늘을 계속 보고 있자니
땅이 폭풍 속 뗏목처럼
일어서기 시작했어
우리는 저절로 여행을 떠났어
오늘도 빠짐없이 챙겨먹은

벤조다이아제핀 때문일까

한없이 아래로 아래로
미끄러지는 여행
이것은 마지막 인류를 위한 거대한 묘비인가
거대한 비석의 어깨에서
끝나는 여행

손에 손잡고 미끄러지는 여행
뼈무더기에서 단체로 떨어지는
해골들의 여행

팽팽하게 일어선 지구에서의 마지막 여행

우리의 끝은 어디일까
왜 나에게 시작은 없고 늘 끝만 있을까
나는 당신의 손을 놓치고도
끝없이 미끄러졌어

여기 들어오는 당신들 모든 희망을
버릴지니(『신곡』 지옥편)

팔십억 인류의 하얀 손톱을 다 잘라라

지옥에 가득 팔백억 개의
초승달이 떠오르게 하고

빌어라

4부

몽골까지 갔어

아침에 일어나면서 아이에서 어른여자가 된다, 삼 초 안에
어른여자가 걸으므로 늑대가 따라온다

아침에 일어나면서 흰 날개가 검어진다, 삼 초 안에
악마가 되므로 까마귀가 따라온다

간밤에
달이 한 스무 개 떨어진 들판에서
라푼젤이 말을 타고 달려간다
라푼젤의 땋은 머리가 옆으로 공중에 누워서
머리통을 꿰뚫은 창 같다

아침에 일어나면서 흰 옷자락이 불꽃이 된다, 삼 초 안에
불꽃이 피어나므로 야생마들이 멀리 흩어져버린다

아침에 일어나면서 흰옷이 흰 연기가 된다, 삼 초 안에
몸에서 양떼가 튀쳐나온다 한 마리 두 마리 열 마리
세는 동안 양떼가 다 흩어진다

나는 단 한 번에 자신을 살해한 헤밍웨이처럼
아침에 뛰어든다

이렇게 삼 초 안에 아침에 뛰어들고도
오늘도 죽은 사람을 데리고 나오는 데 실패한다

아무도 나를 도와주지 않는다
늑대와 까마귀를 데리고 초원에 선다

일 년에 단 한 방울 오는 비가
지금 온다

빛의 마음

네가 노래를 부르자
너는 산포하는 빛

너는 지금 광자로 이루어진 사람

점묘 화가의 기법으로 그린
눈 내리는 거리의 장면

너는 여기에 빛뿌리개를 가져왔어

물 대신 술을 마신 곤충들이 너를 에워싸는 듯

환청처럼 나를 두드리는 빛
그리고 서울 전체의 정전

그다음 내 몸의 모든 세부에 불이 켜져

왜 우리는 별처럼 많은 기억을
우주에 뿌려줘야 해?

그렇게 우주의 시간에 봉사해야 해?

상처로 가득하던 거대한 별처럼
네 몸이 터져버렸나봐
빛이 하나하나 다 아파

세상의 모래가 다
광자가 된 것처럼
그 모래들이 하나하나 다 아프다고
칭얼거리는 것처럼

너는 혈관으로 만든 줄을 튕겨서
매순간 빛의 바늘로 자신을 찌르는 듯

네 노래는 아프기의 기술

누가 내 뒤통수에 성냥을 그어대

내가 지금 저 빛 하나하나의 마음을 알아

하나하나 사라지는 노래의
기쁨을 알아

모든 종류의 슬픔

시를 쓰는 학생이 나에게 와서
영감이 떠올랐다고 말했다

나는 정말 내가 싫어하는 단어 중에 하나가
영감이란 단어인데 하고 생각했다

영감이 떠오른 학생이
먼 나라의 여자가 손이 잘려 붕대 감은 팔로
죽은 아이를 껴안고 있는 장면을 보았다고 말했다

나는 영감이 떠오른 학생이
밤의 교정에 맨발로 서 있는 것을 보았다

갑자기 나타난 그 여자와 아이를 어쩌지 못해

그 여자를, 슬픔의 마비에 빠진 그 여자를
깃대 위에 올려놓고

영감이 떠오른 학생이

그 여자를 국회의사당 돔 위에 올려놓고

나는 비가 오는데 그 여자를 만나러
교문 밖으로 달려나가는 그 학생을 보았다
그 학생은 어렴풋이 그 여자가 가진 슬픔의 칼을 느끼는가

영감이 떠오른 학생이
그 여자의 압정 같은 귀걸이를
자신의 귀에 매달아보고

그 여자를 빗줄기에 묶어 매달아놓고
슬픔을 장엄하게라고 메모하고

영감이 떠오른 학생이
그 여자의 눈물 젖은 눈썹 위에 올라서보고

그 여자의 눈썹을 빗질해보고

나를 힐난했다
선생님은 그 전쟁에 책임감을 느끼지 않으세요?

학생의 영감은 이제 그 여자를 가로수 위에 올려놓고
가로수처럼 줄지어선 슬픔이 몰려오는 것을 느껴보고

이 리듬은 아파한다라고 생각한다

영감이 떠오른 학생이
그 여자의 소름 돋은 목덜미의 감촉을 느껴보고
나의 작업은 서사가 아닌 음악이어야 해
어떤 조성으로 표현해야 해
소리의 근원을 찾아야 해
하다가 그 여자를 잊어버리고

밤이 깊어도 그 여자를 가로수 위에서 내려놓지 않고
그 여자가 억수같이 쏟아지는 슬픔 속에 있도록 내버려두고
그 여자를 버림받게 하고 바람에 얻어맞게 하고

영감이 떠오른 학생이
그 여자가 내 아이는 어디 갔어요 물어도
맨발로 거리를 서성거리느라 정신이 없고

나는 그 학생이 바람이 전해주는 슬픔에 히죽 웃는 것을 보았다

그 학생은 점점점 멜로디 새를 만드느라

실내에 들어온 새 한 마리처럼 정신이 없고

내가 영감이란 말 싫어해
외쳐봤자 소용없다

영감이 떠오른 학생은
이제 정신없는 새의 발자국을 종이 위에 떨어뜨리고 싶고

아이를 잃은 여자가 밤하늘에 유폐되게 내버려두고

그리고 모든 종류의 슬픔이
종이 밖에서 대기하게 내버려두고

Astral Projection review

시인들과 놀다가
밤늦게 귀가하는데
내 뿌리가 갈라지고
갑자기 하늘로 떠올랐어

알코올의 작용인가
굉장한 생각이 떠오른 것인가
집들이 전부 높이뛰기 선수처럼
땅에서 발을 떼었어

나무도 강아지도 잠수를 끝마친 듯 떠올랐어
떠오른 농구공은 땅으로 돌아가지 않았어

내가 공중에 심어진 집으로
귀가하는 날이 오다니

엄마는 집이 떠오른 것도 모르는 채
심하게 코를 골고 있었어
새끼 새를 배달시켜 뜯어먹다가

접시에 그대로 둔 채

우리집 전등은 이미 터진 지 오래
유리컵들도 이미 터져버린 지 오래
내가 쓴 글들은 화형당한지 오래
내가 평생 쓴 게 이거야
이게 다야

엄마는 계속 자고
강가에서 바둑을 두는 두 노인을 봤어
강을 건너기 전 흰옷 입은 사람이 슬피 울었어

검은 나비들이 날고
검은 나비들과 함께 검은 쥐도 검은 따귀처럼 날았어
그런데

내가 왜 떠 가

집이 왜 떠 가

나는 조용히 성호를 그으며 떠 있었어
오랜만에 바라본 내 그림자는
어느 재의 시대에 죽은 왕이신가

부풀어오른 까마귀였어

까마귀가 천장에 머리를 붙이고 있었어

오르간 오르간 오르간

오르간 건반으로 잠깐 세운 음악 나라는 어떨까

평생 같은 음만 내는 건반들은 각각 어떤 기분일까

평생 같은 노동만 하는 나의 내장들은 얼마나 지겨울까

우리집에서는 돌아가신 엄마가 건반 타격 일인자

내가 유성매직펜으로 숫자 3을 써놓은
흰 건반은 입술이었다가
        계단이었다가
        신호등이었다가
        총 쏘는 남자였다가
        액체였다가
        기중기였다가
        (여기서 생략)

내가 밑에다 유성매직펜으로 숫자 9를 써놓은 검은 페달은

전기 오른 내 머리카락이 전부 일어서게 하다가
그다음에 관객이 일어났다 앉았다 하게 하다가
천장과 벽들이 달달 떨게 하다가
천장에 매달린 샹들리에가 달달 떨게 하다가
유령들이 방울방울 대가리들을 흘리게 하다가
(여기서 생략)

의자에서 의자로 기차가 지나가고
액자마다 다른 악기가 연주하고
의자에서 의자로 비행기가 날아가고
액자에서 액자로 엄마가 노 저어간다

사실 내 연주를 엄마가 하고 있다는 거
엄마가 내 신경다발을 지배하고 있다는 거

오르간을 미치게 해봐
풍경도 없는 저 세상에서
오르간 혼자 울게 해봐

내 오르간을 만든 엄마는
다른 세상에 존재하는 사물을 흉내낸 것일 뿐

연주자여! 다른 세상을 두드려줘!

오르간 안에서 쿵 쿵 쿵 소리 들린다
오르간은 뚜껑을 닫아두고 있는 걸 좋아한다

The Hen's Scream

깊은 산 숲속에선 피리를 불지 마라

숲속에서 피리를 불면
일단 도깨비가 나온다
방울 모자를 쓰고 방울 딸랑이를 든 무당이 나온다
반인반조들이 깨어나 벌거벗은 다리로 뛰어다닌다
나무들이 누군가의 뼈라는 걸 알게 된다

숲속에선 피리를 불지 마라
 근대에 살던 할머니들과 중세에 살던 아저씨들과 고대에 살던 아줌마들이
 그리고 너무 늦게 죽어서 한이 많은 명랑한 유령들이 뛰쳐나온다

 눈먼 말들이 죽은 장군을 싣고 돌아오고
 숫사슴들이 뿔 좀 잘라주면 안 되겠니, 뛰쳐나온다
 그것뿐인가 멸종한 부족들의 멸종한 가축들이 살림을 다시 차리고
 삼천 궁녀들이 절벽 위에서 훌쩍거린다

그러니 어두운 숲에서 피리 좀 불지 마라
산이 피를 흘리는 중이니
숲 바깥으로 새 좀 던지지 마라

산의 장례를 치르는가
숲 아래 검은 강이 소리 없이 허리를 굽힌다

이 세상에서 살다 간 사과들이
사과 귀신이 되어 몽땅 다 뛰쳐나오듯
태양이 떠오를 때 사과 냄새가 날 것이다

죽은 자들의 세상을 다 유람하고 돌아온 듯
사과술 냄새가 날 것이다

나를 유괴해다놓고 내 넓적다리뼈로 피리를 부는 놈아
제발 빽빽한 깊은 산 숲속에선 피리 좀 불지 마라

5부

깜빡 깜짝 윤회중

얼굴에서 벼가 자라는 여자와
얼굴에서 앵두가 자라는 여자

팔을 펼치면 팔에서 비행기 날개가 돋는 여자와
팔을 펼치면 그 비행기를 쏘는 대공포가 되는 여자

웃을 때 등뒤에서 공작이 펴지는 여자와
웃을 때 등뒤에서 거위가 펴지는 여자

둘이 노래방에서 노래를 하는데
갑자기 순간적으로
토끼가 폴짝
여우가 깜빡
쥐들이 깜짝

봤니? 봤어? 깜빡! 깜짝! 저게 뭐야?
쟤들이 왜 여기 있어?
아직 살아 있는 애들이

죽은 엄마 죽은 아빠
아직 윤회가 끝나지 않은 걸까?
윤회의 오류 속에 들어 있다
갑자기 튀어나온 건 아닐까?

죽어서 유람선이 되고 싶은 여자와
죽어서 우산이 되고 싶은 여자의

이중창이 울려퍼진다

비명 철사 매미

엄마가 우주선에 탑승할 때
내가 엄마를 향해 목이 쉬도록 소리 지를 때, 그때

내 목에서 가는 철사가 튀어나왔어
그 누구도 끊을 수 없는 가는 철사가

목구멍에서 철분 냄새가 났어
내 혈액으로 제조한 떼쓰는 아이 냄새
엄마가 이 철사를 당기며 돌아올 수 있을까, 잠시 생각했어

이것은 소스라치는 길인가
이것은 내가 내민 손길인가

나는 철사로 일단 사다리를 만들 수 있었어
내 몸이라는 크레인을 공중에 들어올리려는 듯

우리의 시작과 끝은 다 비명이야

하나님의 아들의 첫 비명과 마지막 비명

하나님의 아들이 탄생할 때 그 엄마의 비명과
하나님의 아들이 죽을 때 그 엄마의 비명

내 몸에 살던 철사
천사가 아니고 철사
나를 딛고 올라오는 철사

귓속에서 핏줄이 세차게 흔들리는 느낌
긴 비명 끝에서 자꾸 매미가 되는 느낌

크레인이 뜨거워져서 응급실에 세 번 갔어
열이 너무 높았어
응급실 사람들이 욕조에 나를 담고
얼음을 부었어
내 목구멍에서 철사를 꺼내려고

응급실에 내 철사가 가득 그어졌어

철사 사다리에 소나기처럼 매미들이 매달리는 느낌
우주선은 이제 출입문을 닫고 시동을 걸었어

응급실 사람들은 못 본 척했어

벤조다이아제핀

하루종일 조는 직업을 갖게 되었어
걸어가다가 서서 조는 건 늘 있는 일
하루종일 나이트가운을 벗지 않아
늘 지는 해가 창문 밖에 있고
TV가 나를 보고 있지

마치 내가 이 방을 지키고 있는 경비원 같아
링거대와 휴지와 빨대를 메트로폴리탄의 소장품처럼 지키고 있어

모든 사물이 이미 죽은 것 같아
하지만 지키고 있어
그들이 나를 깨우지 않도록
(그래, 그들이라고 부를 수밖에)

언젠가 나는 어리고 젊은 사람이었을까
내가 어딘가에 두고 온 어리고 젊은 그들은 모두
유통기한 지난 통조림이 되었을까

내가 사라지면 떨어졌던 사과가 나무에 옮아 붙을까
내가 사라지면 떠나간 태양이 바구니에 다시 들어갈까
내가 사라지면 죽었던 닭들과 소들이 일어설까

내 얼굴이 괴로워
내 맨발이 괴로워
제발 좀 가려줘

거실 TV 앞에 유치원생처럼 나를 모아 앉혀놓았지만
모니터를 보는 나는 없어
여러 내가 지는 해를 봐
한 번도 뜬 적이 없는 해를 봐

끝없는 앰뷸런스

그들이 옮기는 것
인간도 아니고
나무도 아니고
의미를 잃어버려서 혼자 떠는 문장도 아니고
공사장 인부도 싫어하고
화장실 변기도 내치는 그것
색깔은 이미 다 빠진 것 같은데
낡은 걸까
밭 한가운데 심어놓을까
거대한 곤충처럼 발이 많으나
이미 액체에 가까운 것
귀를 대봐 아주 많은 바늘구멍 같은 구멍들에서 작은 소리들이 나와
일본 사람이 말을 생고기로 먹는 것처럼 생으로 먹어버릴까
붉은 잇몸
찜찜한 것
연예인 봉사단이 연탄을 나르는 것처럼 한 사람씩 죽 이어 서서 날라볼까

바다를 건너
섬을 건너
지구를 건너
그렇게 죽 이어 서서
올해가 다 가도록
어항을 안은 것보다 조심해!
시간의 칼이 저미는 것
펼치면 날벌레들이 몰려드는 툰드라 같은 것
바위로 눌러놓은 절규 같은 것

어떻게 이게 나라는 걸 알아?

내가 이것을 먹으면
물을 너무 많이 먹은 것처럼 숨이 찬 것

나의 몸

순교하는 나무들

*

온몸에 불이 붙은 채 악수하러 온 나무를
한 나무가 그 나무의 악수를 받자
온몸에 불이 붙은 채 악수하러 온 두 그루의 나무를
그 나무들의 악수를 받자

불이 붙은 그 산의 눈길을

온몸에 빛을 받은 채
불이 붙은 나무를 연주하는 한 남자를
불이 붙은 그의 열 손가락을
불이 붙은 그의 목덜미를
땅속에서 근사하게 올라오는 불의 지휘자를

불의 구더기가 그의 입으로 드나드는 광경을
불새처럼 그의 어깨에서 날개가 펴지는 광경을

그 위에서 보이지 않는 실로 통곡의 피륙을 짜듯
집을 잃고 우왕좌왕 나는 새들을

불의 오케스트라를

*

  나무들이 나무를 베는 한 사람을 골똘히 내려다보는 것처럼
  나무들이 나무로 만든 의자에 앉은 법정스님을 내려다보는 것처럼
  나무들이 나무를 연주하는 사람을 듣는 것처럼

  저 나무는 내 친구는 아니지만
  저 나무는 내 가족은 아니지만

  나무에 기대는 내 마음
  나무가 연주하는 대지의 찬가

  가로수들이 거리를 내내 지켜보는 것처럼
  가로수들이 한 번도 누구를 원망하지 않은 것처럼

  하늘엔 네이비색 잉크 십 톤이 떠 있고
  잉크의 시선이 대지 위로 홍수처럼 쏟아져 있고
  나무의 림프절들이 그 비에 출렁이고

전세계 어느 실내에나 죽은 나무들의 시선이 있다
나는 울면서 나무 탁자의 나이테를 하나하나 문질러본 적이 있다

*

큰물에 온몸이 휩쓸려 악수를 청하러 온 나무를
또 한 그루 나무가 그 악수를 받고
휩쓸린 나무들이 깃발을 펄럭이는 것처럼
그러다 태풍이 쏟아져내리는 것처럼
그 비를 다시 맞는 나무가 마지막으로 한순간
벌거벗은 인간으로 변하는 광경을

환히 빛나는 인간의 마지막 모습으로
거기서 땅으로 떨어지는 물앵두와 물자두와 물호두를

나는 열매의 이름으로 불리는 과수원 나무들에게 고한다
네 열매를 따가던 주인이 죽었다 너희처럼 이번 큰물에 죽었다
숲속 요양원 할머니들이 잠겼다 너희처럼 죽었다

만화경 세라핌 트리오

내가 노래를 부르려고 하면
내게 숨어 있던 내가 두 명 더 나온다

그 두 명 중 한 명을 타이피스트 나라고 할까
그 두 명 중 한 명을 타투이스트 나라고 할까

(이제) 나는 날개가 여섯
둘로는 얼굴을 가리고
둘로는 발을 가리고
나머지 둘로는 날고 (이사야 6장)

우리는 연주를 시작하기 전에
세 마리 개처럼 서로를 냄새 맡는다

하지만 나의 발은 셋이 합쳐 두 개

거울과 거울과 거울이 서로를 무한 복제하는 것처럼
우리 세 명은 삼각편대로 서로의 얼굴을 떠받치고

사람 각자에게는 천사가 한 명씩 산다는데

나의 천사는 나의 어느 알에서 탄생한 걸까?
천사도 탄생할 때 피가 흐를까?

내 몸은 내 천사의 그림자일까?
거울과 거울과 거울로 만든 나의 천사의 무한

날개 여섯 개를 다 펴고
날개를 거대하고 거대하게 하려면
지금보다 더 고통스러워야 할까?

나의 신경조직에서부터 이어진
이 거대한 날개를 펼치려면?

원시의 목소리가 내 타자기에서 울려나온다
몇 년 만에 겨우 꺼내보는 숨어 있던 아우성

나의 못생긴 트리오의 무한

슬플 땐 더 슬프고
더 슬플 땐 용감한 트리오

날개가 여섯 개 달린 타투 새가
미뢰를 장착한 벌거벗은 붉은 몸을 떨치고
살갗 밖으로 나간다

눈이 백만 개
날개가 백만 개 달린
새가

혀

거기에만 가면 내장이 배배 꼬이고
발자국도 배배 꼬여

몸으로 문장을 써버릴 거 같지만 쓰지는 않아

내 안에서 먼저 꼬이는 날도 있고
내 밖에서 먼저 꼬이는 날도 있어

나에게는 거기가 있어
몸에서 쌀알처럼 작은 알들이 쏟아지는 장소

사람이 사는지 안 사는지
불빛은 희미하고
억울한 죽음 위에 건물을 올렸는지
두런두런 유령들의 말소리 들리는 곳

허리가 뒤로 꺾이고 팔이 뒤로 넘어가다가
허리가 풀리고 다리가 풀리고 다시 배배 꼬이는 춤

내 몸짓이 무슨 문자를 털어내는지 볼래?

거기에서 나올 때는 거대한 음악의 자력을 끊어내야 해
마치 내 힘으로 거대한 중력을 거스르는 것처럼

내 안에는 수많은 관객이 숨어 있어
자루 가득 든 쌀알의 눈알들이
자루에 들어온 쌀벌레를 구경하는 듯

그동안 나는 헤엄치고 춤을 추고 기계 없는 기계체조

바다보다 무거운 구름을 뚫고
그 가벼운 몸짓으로 오는 눈송이들이
그 춤을 견디는 것처럼

사실 보이지 않는 이들의 눈길로 만든 끈이
나를 감았다 풀었다 하는지도
나의 그늘은 여기 있고 나의 햇볕은 거기 있는지도

그런데 나는 왜 몰래 숨겨둔 사람을 만나러 가는 것처럼
거기에 도착하지 않고는 못 배기는 걸까?

다시 한번 말하지만 나에게는 그런 거기가 있어

오션 뷰

일 년 열두 달
광안대교가 찾아와서 창문을 두드렸다

비가 와도 예외는 없었다
이 슬픔을 해결해야 해 생각했지만
생각을 끝내기도 전에 또 찾아왔다

집안엔 흘려보내지 못한 눈물이 늘
고여 있었고
눈물 위에 기선이 떠 있었다

매일 같은 시간
광안대교는 다리를 늘어뜨려
창문을 부수려고 했다

집안의 가구들이 물속에서 스크럼을 짰다
 그러면 여자는 눈을 감고 옷을 벗고 물속으로 들어설 준비를 했다

눈을 뜨면 어느새 광안대교의 우람한 다리들이
집안에 들어와 있었다

광안대교가 여자의 머리채를 움켜쥐었다
여자의 몸이 태평양 저 건너편으로 떨어졌다

여자의 영혼이 소금처럼 풀어지고
바다는 한없이 아파했다

밤이 지나 등불이 꺼지면
광안대교는 어느새 창밖에 서 있었다
물속에서 전화벨이 울리고
저녁에 다시 돌아오겠다고 했다

내가 방문을 열자
여자가 욱신거리는 바다 밑 동굴에 앉아
조그만 물고기들을 보살피고 있었다

살림 차릴까?

횡단보도 위에 살림 차리자
잠깐 동안만 살림 차리자
기운이 없고 눕고 싶으니까
지게차 위에 살림 차리자
달리는 오토바이 위에 살림 차리자
오토바이에서 내리지 말고 꼭 붙어 있자
왜 나에겐 이 서울에 살림 차릴 데가 없을까
나는 밤이면 한강대교 중 하나에 올라가서
불 켠 방들을 쳐다보았지

길을 걷다가 구석진 곳을 발견하면
마치 유람선에 무임승차한 사람처럼
내가 방에서 쫓겨나면 저기서 며칠을 잘 수 있을까
자세히 살펴보는 버릇

우편함을 열고 이불을 깔고 눕고 싶은 마음

들것 위에 살림 차리자
앰뷸런스 위에 살림 차리자

지붕 위에서 십 센티 떠서 살림 차리자
지붕 위에서 두 발을 흔들고 있으면 아무도
내쫓지 못할 거야

늘 다른 육면체로 도망가고 싶은 마음

누구의 부동산도 아닌 곳
거기에 내 살림 차리고 싶은 마음

백만 명의 뼈

나는 목소리는 듣지 못하고
뼈만 보는 사람이 되었어
살 속만 보는 사람이 되었어
백만 명의 인파가 한 사람의 노래를 따라 부를 때
턱이 열리고 윗니와 아랫니 턱뼈와 코뼈
각자의 손에 든 빛을 받은 뼈들이 몸을 흔드는 광경
악기 소리는 들리지 않고 백만 개의 뼈들이 내는 소리

(사실 뼈들이 얼마나 큰 소리를 내는지 들어본 사람은 알지)

이 뼈들이 백만 개의 빛을 들고
백만 개의 연기가 공중에서 만나 사랑을 나누고

살을 벗은 뼈에게도 감각이 있을까?

제 뼈를 갈아 노래를 부르는 것 같은 저이는 누굴까

마치 땅의 뼈가 드러난 것 같은
노래 부르는 겨울 자작나무 같은

백만 명의 사람들에게서 겨우 저것들만 남은 것 같은

피부 밑에서 들썩거리는 뼈에 새겨진 언어들
현악기와 관악기와 타악기의 근본처럼
현의 지하에 있는 뼈들과 아교
몸속의 외로운 뼈들과 아교

주먹을 쥐고 죽은 이들의 바깥처럼

칼날처럼 시린 박자에 맞춰 흔들리는 빛

6부

princess abandoned

검은 옷을 입은 사람들이
야크떼처럼 네 발로 걷는 사람들이
나를 등에 올리고

번개가 치고 달이 쪼개지는데
나는 혀 밑에 비밀을 감추고

내려줘 내려줘 내려줘
입을 다문 채 비명을 질러보지만
별이 터지는 소리
나무가 부러지는 소리
달이 쏟아지는 소리

카일라스가 있는 곳으로
해발 오천 육천 높은 곳으로
죽은 사람을 쪼개
독수리에게 던져주는 곳으로

내려주란 말이야

내려주란 말이야
독수리떼는 이미
대걸레들처럼 모여 기다리고

검은 옷을 입고
허리를 구부려
나를 싣고 가는
얼굴 없는 그림자들에게

나는 혀 밑에 새를 감췄어
날이 밝으면
그 새를 날리겠어
그 새 밖으로
뛰쳐나가겠어

나는 공주야 일곱번째 공주야
매번 살아서 돌아오는 공주야

내 혀는 세상에서 가장 큰 대륙이야
하지만 일곱번째 대륙이야

숲이 축축한 혀로
자신의 털을 핥고 있다

검은 바위들을 뚫고
야크떼의 흰 뿔이 솟아오르고 있다

노숙할머니음악인과의 대화

거리에 살면 내 눈이 창문이고
내 몸이 현관이지

그러나 음악이 말을 걸어오면
고약하단 생각이 들지
여기 왜 오니?
그런 생각이 들지

쓰기 전에 나를 지배하고
쓰고 나면 멀어져가고

그러나 자꾸만 음악이 올 때
지금 음악이 아까 음악을 침범할 때
음악과 음악 사이의 침묵을 들을 때

작은 벌레처럼 커다란 영혼에 올라탄 음악
나를 어루만지다 찌르며
구름도 없이
빗방울처럼

내 구멍으로 가득찬 밤하늘

밤하늘에 집을 그려놓자
창문을 그려놓자
사각형을 그려놓자
죽어서 구멍이 되는 이들을 위해

우리집에는 큰 파도가 살아서 못 들어가
우리집에는 큰 음악이 살아서 못 들어가

울면서 합창으로 들끓는
울면서 둘로 넷으로 열여섯으로 쪼개지는
우리집

높은 것과 낮은 것
빠른 것과 늦은 것
둥근 것과 모난 것
먼 것과 가까운 것
그리고 작은 것과 더 작은 것

이런 것들로 번창하는

들어올린 것과 쳐내린 것
위태로운 것과 아늑한 것

음악이 나를 불렀다가 음악이 나를 내쳤다가

한숨처럼 무겁지만 실체도 없이
미소처럼 미쳤지만 바닥도 없이

너는 죽고
나는 여기에
핏자국만 남은 채
여기에

몸은 바닥을 파고들지만
디딜 바닥이 없는

나의 불안
나의 음악

해파리 하우스

어항에 투명을 길러요
투명에게 투명하지 않은 먹이를 줘요

몸속이 다 들여다보이는 기분은 어떨까요?
똥이 만들어지는 과정 같은 거
주머니에서 피가 쿨쩍쿨쩍 나오는 거 같은 거

전등갓을 쓰고 거리에 나서야 하는 기분은 어떨까요?
집을 짊어지고 다녀야 하는 기분은 어떨까요?

해파리는 지붕 아래 구름을 둬요
그 구름은 잘려도 언제나 다시 자라나죠

해파리는 지붕 아래 흰 핏줄을 둬요
머리 하나 꼬리 하나 옛날옛적 학교종처럼

물속에 울려퍼지는 종소리
부끄럽다 부끄럽다 부끄럽다

이 줄을 당신 눈 밖에 있다고 해야 할까요
이 줄을 당신 눈 안에 있다고 해야 할까요

눈을 감고 들어봐요 물속의 소프라노
투명한 입술 속에서 투명한 문장들

커튼이 없어 속이
다 들키는 세간살이

내 모든 것을 다 아는 듯 어항의 투명
정말 부끄러워요 당신 눈동자 속에 산다는 것

구름 위에 전등갓 모자를 쓰고 살아가는 방
물렁물렁한 어항을 머리에 쓰고 사는 방

내가 시를 쓰는 당신 눈동자 속 그 속의 방
물에 빠진 사람 같은 애타는 눈빛으로 눈이 부신 방

나의 투명은 투명한 바깥에선 살지 못해요
그렇지만 나에게 쏘이면 아주 따가운 눈물이 나요

뺨에 닿는 손바닥

비행기에서 내려다보는
벗어놓은 옷자락 같은
산맥의 바닥은 어디까지일까
연못에 몸을 던졌으나 발이 닿을 수 없는 바닥
고속도로를 이탈하는 자동차의 바닥
내가 발로 누르는 엑셀러레이터 바닥
백층 빌딩 전망대에서 건너편 백층 빌딩 전망대로 이어지는 외줄타기의 바닥
생물은 모두 바닥에서 바닥으로 옮겨다니지 새들도 마찬가지

바닥이 없는 바다

출렁거리는 바닥
문신을 새기는 바닥
네 뇌를 쪼옥 빨아먹고 껍데기를 버리는 바닥
피를 쏟은 해골이 입을 벌리고 누운 바닥
네가 들어가 더이상 나오지 않는 바닥
북채가 닿는 누군가의 피부로 만든 바닥

발이 백 개 달린 지네가 기어가는 수직의 바닥

골반을 유리처럼 부러뜨리는 바다

시신을 묻는 바닥

송곳 같은 발가락이 헤집는 바닥

바다에서 건진 아기를 눕히고 육지로 돌아오는 보트의 바닥

바닥에서 끝없이 올라오는 계단이라는 바닥

흙속에 묻은 너의 발바닥

탱고 슈즈로 문지르는 사교클럽의 바닥

더이상 빛도 그림자도 들어갈 수 없는 바닥

서핑보드 위에서 뛰어내리는 바닥

바닥엔 문을 매달 수는 없지

우리는 하늘로 이어져 있지 않고 바닥으로 이어져 있지

우리는 상수도로 이어져 있지 않고 하수도로 이어져 있지

서로의 항문으로 이어져 있지

태안 설위설경 장엄구

반을 접은 종이가 조금씩 열리고
그 사이에서 붉은 빛이 번져나오는 아침

종이로 그린 집
종이로 그린 나무
종이 아줌마의 종이 생선 요리
(내가 이렇게 종이 한 장으로 남을 줄 알았더라면)

종이 침대 위에 누워
종이로 만든 우울을 노래해
내 삶은 종이로 오린 삶
종이 눈물 흩뿌리는 종이의 삶
비 오면 앞뒤가 동시에 젖는 삶
(이렇게 얄따랗게 누울 줄 알았더라면)

종이 자동차 속의 종이로 만든 고독
유리창을 타고 내리는 종이 빗방울들의 고독
이 하얀 고독이 내 삶의 증명인가
내가 자동차 유리창에 척 달라붙는다

(결국 다 종이가 된다는 걸 알았다면 어땠을까, 계속 살았을까?)

내가 종이에서 오려진 존재라니

종이로 만든 삶
태워 없애는 삶
종이를 위해 내 시간을 비우는 삶
나에게 종이 아기가 있었군요
종이 귀신도 있었군요
내가 종이 신발 신고 종이로 만든 관에 누워 있군요
얼굴을 돌리니 입도 없는 백지로군요
거기에 쓴 사연들은 벌써 하늘과 땅과 바다로 도망가버렸군요

흰 종이에서 고함소리
계속 들린다

어서 가거라
너는 태운다

얼음 밑에서 춤을 추듯이

내가 이 춤을 추는 것은 떠나겠다는 것

내가 거울 속에서 허우적거리며
춤을 추는 것은
떠나겠다는 것

내가 거울 밖에서 나를 쳐다보며 우는
여자를 가여워하지 않는 건
떠나겠다는 것

내가 거울 속에서 장신구를 하나씩 벗고
옷을 벗는 건
떠나겠다는 것

내가 전화기를 끄고 전화기를 던지는 것
내가 계단이 없는 곳에서 계단을 내려가는 듯 춤을 추는 것
내가 이 음악이 무거워서 견딜 수 없는 듯 허우적거리는 것

거울 속 편두통
내가 떠나겠다는 것

물속에 잠긴 공주는 부패하기 시작했습니다!

내가 거울 밖으로 거품을 내뿜으며
춤을 추는 것
내가 이 거울을 떠나겠다는 것

아무것도 아니지만 아무것도 못하지만

내가 그동안 서울에게 한 말을
떠올리니 이랬습니다

이 모욕을 다 걷어가준다면
서울을 떠나겠습니다

저 모든 불빛이 모욕이었습니다

서울에게 이래라저래라 할 수 없으니
그냥 기도처럼 혼잣말했습니다

내 뺨에 얹히던 손길
내 정수리에 떨어지던
새털과 새똥

사람의 마음이 달린 나의 괴물 새가
내 머리 숲에서 멸종해도
아무도 모르겠지만

불쌍한 그 새가 먹었던 마음은 어떻게 되나요?

나는 전 세계에서 제일 촌스러운 곳이 서울이라고
시청 앞에서 서울을 비웃었습니다

내 얼굴에 그림을 그리던 모든 손길
나에게 던지던 물컵들 재떨이들
내 허벅지 위에서 꼼지락거리던 남의 손가락들

내 몸 안팎에 안 들어오는 곳이 없던 고통
살아남으려는 고통의 기발한 아이디어들
상상력들

서울이 고통 박람회장 같았다고

이명이라는 이름의 경찰관
두통이라는 이름의 조사원
미친이라는 이름의 시인님

이것을 다 흡입해달라고
나는 대형 청소기 판매상 앞에서 소리쳤습니다

매운 연기로 만든 말들 돌려서 하던 말들 비웃음들

책에서 나와 내 허벅지를 모욕하던 주둥이들 거짓 증언들
성경에서 나와 나의 정신을 묶던 시선의 그물들

공적公的이라는데 우습고 미친
자유라는데 역겹고 난폭한
이게 다 서울이 한 짓이라고

서울이여 나를 뱉어다오라고
그러나 서울에는 무덤을 만들 수 있는 데가 없다고
누구나 죽으면 서울을 떠나야 한다고
나는 놀이터에 앉아 단호한 척 말했습니다 서울에게

서울의 머리부터 발끝까지
이 지구에서 가장 촌스러운 곳이라고

7부

용접공과 조율사

새소리 들으며
어디든 갈 수 있다면 얼마나 좋을까
나무 위든 탑이든 산꼭대기든
내가 병상에서 중얼거리자

용접공이 내 어깨에 날개를 박으러 온다
시멘트가 발라지고
나사를 조인다
조율사처럼 갈비뼈를 더듬는다
페달 위 발바닥에 기름칠을 한다
나를 공중에 떠오르게 한다

하지만 나는 날아오른 수천 마리 새 중 한 명
철새들은 가는 길만 가고 돌아오는 길만 돌아온다
하늘에 같은 선만 그린다 무지무지 바쁘게 손뼉치며

우리는 다같이 공중에 뜬 한 개의 그물인데
 이 그물이 보이지 않는 누군가를 숭배하는 것처럼 휩쓸
리는데

팀워크라는 스크럼 안에서 나 혼자 무엇을 목청껏 외치나
아직도 나 혼자 무엇을 기다리나

머리를 짧게 치고
어디든 혼자 갈 수 있다면 얼마나 좋을까
심해보다 더 깊이

고음보다 투명한 저음이라면 얼마나 좋을까

심해의 모래밭 아래로 바위보다 더 깊이 도망할 수 있다면
병상에서 내가 중얼거리자
용접공이 다가온다
내 옆구리에 지느러미를 달아주러

하품과 기지개 사이의 우울증

하품하는 입속에서 원숭이가 나온다
조금 있다가 검은 숲이 나온다
더 있다가 늪의 지렁이들이 나온다
더러워서 못 보겠다
조금 있다가 물고기가 나온다
우울은 물과 함께 쏟아진다
이불이 흥건히 젖는다
그렇게 물속으로 다 함께 추락한다
물속에 눈동자가 풀어진다

물의 광채 속에서 이들은 다 평등하다
내가 비닐봉지에 원숭이의 눈동자들을 주워 담는다

부교감신경에 공포가 내려앉는다

우울의 세계를 관장하는 신은 따로 있다는 게
본 우울증 환자의 망상입니다만

기지개를 켤 때 검은 비닐봉지들이 박쥐처럼 자란다

바람에 비닐봉지들이 흔들린다
비닐봉지가 두 손을 치켜들고
비닐봉지 모자를 쓰고 휘파람을 분다
몸부림치는 비닐봉지
아이고 이 고양이가
고양이 아냐 비닐봉지야
개량된 비닐봉지
비닐봉지를 수확한다
비닐봉지를 담배처럼 말아 피운다
비닐봉지를 마시지는 않지만
비닐봉지에 간밤에 먹고 남은 음식을 담는다

애들아 박쥐를 머리에 쓰고 편의점에 가자
물이 차오르는 이 세상을 가로지르자

더이상 거울에 비춰지지 않는 사람

내 앞에서 왜 거울이 닫히나

눈도 안 감았는데 왜 거울이 닫히나
얘야, 거울 좀 가져오렴 왜 대답이 없나

내 거울이 내게서 무엇을 뺏어갔나
나는 홀로 앉아 생각하네

머리를 빗는 내 모습
귀걸이를 걸 때 갸웃하는 고개
너의 입술이 닿은 뺨을 내 손바닥으로 감싸보는 것
파마하고 커트하고 파마하고 염색하고 계속 머리를 보던 시간들

아이고 깜짝이야 검은 거울 안에서 슬며시
외할머니 귀신이 등장하던 것
그 귀신이 뒤에서 나를 꽉 껴안던 것

이제 와 생각하니 거울이 빼앗아가버린 모든 순간의 나

거울 없는 방에 누워 거울에게 말한다

누구에게도 보여주고 싶지 않은 걸 당신에게 보여줬지
맞고 나서 울면서 상처를 비추어볼 때
예쁨받은 나를 간직하려고
살짝살짝 훔쳐볼 때

이제 내가 귀신이 되어 생각하는가

건네받은 흰옷을 입어보려고 들어간 피팅룸에서
거울이 닫히네

거울이 나를 다 빼앗아가버렸네

칫솔을 문 나
모자를 쓴 나

갑자기 흘러내리는 코피를 닦았더니
흰색이네

납작한 세상은 부풀리면서 걸어야 해

우리는 왜 두 발을 공중에 두고 만날까
달 우주인들처럼

나무 위에 쏟아지는 별들
나무 밑에 가득한 반딧불이 껍질들

나는 바다의 테두리에 올라앉아
바다의 리듬이, 여겼네

나는 나의 무덤 위에 올라앉아
죽음의 리듬이, 여겼네

나는 갈대 같은 너의 머리칼을 만지며
흩날리는 바람의 리듬이, 여겼네

나는 샘물 곁 땅속에 누워
지하에서 흐르는
물의 리듬이, 여겼네

우리는 일렬로 간다
바다와 너와 바람과 지하수 그리고 나
일렬로 서서 춤추며 간다
두 발을 노처럼 저어서

우리는 잠든 언덕과
잠든 마그마와 잠든 산을 깨우러 간다

바이올린은 날아서 간다
물을 쏟으면 물이 땅으로 떨어지지 않는다
땅이 없다 바닥이 없다

첼로는 가까스로 바닥 가까이
그러나 땅이 없다 바닥이 없다
들어올려진 우리가
우리를 어루만지며 간다

수천 개의 뉴런이
공중에서 서로를 얽고 흐느낀다
광대한 악상이다

뉴런만으로 세상이 만들어지다니

발 없는 귀신처럼 가기만 하는 우리의 사랑

우리는 눈발 같은 깃털을 쏟으며
바다를 건너간다

달의 우주인들처럼 경중경중

바이올린과 첼로에서 나온 것들이
우주의 얼룩처럼 경중경중

현이 없는 바이올린과 첼로

그리고 곧 신문에 난다
우리가 떠났다고

나무 밑에 껍질만 가득하다고
세상이 납작해지고 있다고

흰 도살장 흰 가위

잠에서 깼는데 모두 흼일 때는

흰 장막에 갇혔을 때는

벽에다 문을 파내는 걸 잊었나
흼만 가득한 곳에 누워 있을 때는

이 빛은 어디서 오나

이리 환한데 흰 장막 안에 나 혼자 누웠을 때는

흰 가위눌림이 오래 지속될 때는

목소리는 나오지 않고
누구를 불러야 하는지 알 수 없고

흼은 기댈 수도 없는 얇은 것이라서

안개 같은 것도 아니고

얇은 레이스 같은 것도 아니고

이것은 푹신한 건축인가
내가 지구 알의 반숙된 흰자 속으로 내던져졌나

숨도 막히지 않고
아무 일도 일어난 적 없고
아무와도 평생 말하지 않아본 것 같고
몸속 어딘가 자꾸만 흰 꽃이 피는 소리 들리는 것 같은

색이 다 증발한 이 세계
단지 흼일 때는

구름 위에 올려진 시신의
펼쳐진 손바닥 아래
백조의 깃털로 실을 자아 만든
무균실의 고독한 빛

(흰옷 입은 에밀리 디킨슨의 흰 관이
아버지의 거실로 운반된다)

내 피가 희게 변하는 중일까
내가 흰개미떼로 흩어지는 중일까

흰 입술로 만든 포근한 침대 위에
흰 작은 개미 한 명 내팽개쳐진 것 같은 이 나태

이렇게 무겁고 흰 정적이 계속될 때는

너에게서 깨끗해지는 법을 가르쳐줄래?

나는 너를 물이라고 부르겠어
내 온몸의 구멍에서 물이 흐르지

너를 들여 어둠 속에서 홀로 일하는
내 간과 콩팥과 방광과 무의식

나는 너를 안지는 못하지만
내 손바닥에 생기는 자주색 물집

바다는 옷을 껴입은 나를 꼭두각시처럼 다루지
내 심장이 눈 없는 물고기처럼 숨쉬는 방식

다시 안으로 차오르는 물을 너라고 부르겠어
미생물들이 물속에서 살랑거리며 애무를 나누는 방식

나는 내 안에서 뜨는 법을 모르지만
비 오면 물 장미 가득 피는 푸른 꽃밭에서 숨바꼭질중

하지만 증오는 물기를 말려버리지

눈물이 없는 울음

다시 이 비를 너라고 부르겠어
비에 젖는 간과 콩팥과 방광

비구름 속에서 도드라지는 나의 갈비뼈
펼쳐진 내 몸의 정원

젖은 꽃잎처럼 떨어진 피
수도원 지붕 위의 까마귀
개처럼 씩 웃는 당나귀 왕비
느닷없이 슬픈 일이 몰려오는 저녁 비
지하 성당 납골당의 바람개비
커다란 플라타너스 이파리
그 위에 번쩍이는 눈물 비
간장에 풀어지는 연두색 와사비

이렇게 어둠 속에서 홀로 일하는 물을 너라고 부르겠어
물의 혓바닥으로 진주를 만드는 방식

나는 너에게서 깨끗해지는 법을 몰라

미술이 시각 중심에서
음악이 청각 중심에서
벗어나는 현상에 대해

기타 세션맨은 기타 연주를 시작하면
저절로 초상화가 그려진다고 했다

어린 기타 세션맨에게 어른의 처신을 하게 만든 얼굴

마치 사람을 옆으로 들고 있는 것처럼 말이야
나는 기타를 들고 있는 거지
하고 기타 세션맨은 말했다

빗금으로 내리치거나
누르고 꼬집어 그리는 그림

어느 곡을 연주하건
왜 이렇게 한 사람의 얼굴만 그리는 걸까
기타 세션맨은 한숨을 내쉬었다

접시가 날고, 접시처럼 내 뺨을 깨던 그 손길

기타 세션맨은 연주와 그림을 동시에 하는 것처럼
왼손을 사용했다

책장에서 책이 내 뺨처럼 쏟아지고

그가 찢은 탁자
다리미대같이 스러지던 책상
있지도 않던 그의 국가

연쇄살인범 K가 감옥에서
매일 자신이 죽인 여자들을 그리듯
나는 기타의 감옥에서
얼굴을 그렸어

최저속으로 걸어가면
같이 울어주던 골목길
그런 것은 그리지 않았어

내 음악은 가시 달린 철제 덫이야
다 잡아 족치는 거야
내 몸에서 꺼지라고 하는 거야
생채기를 내는 거야

그 생채기로 피 맺힌 조끼를 짜는 거야

다 그린 다음 그 조끼를 찢고 가는
내 손가락의 애티튜드
그다음 콘크리트 댐이 터지든 말든

나는 내 손바닥을 전속력으로
한쪽 뺨만 갈기는
강철새의 날개처럼 사용해

가수는 울면서 소리쳤고
기타 세션맨은 연주를 끝냈다

마리나와 울라이

바다 산맥과 바다 산맥이 서로를 깨물듯이

만리장성이 중간에서 용이 되어버리듯이

출렁거리는 물길에 쇠고랑을 채우듯이

유람선 두 척이 맞부딪치듯이

바다 산맥이 고래의 골반들처럼 부딪히더니

스무 개의 손가락이 스무 명의 용처럼 엉키더니

암놈 수놈 서로 싫다는 듯
손가락을 거둬 주먹을 쥐더니

마주보면 볼수록
몸속에서 점점 큰 것이 나오더니

다시 세상에서 제일 크고 징그러운 용들이

팔꿈치까지 서로
기어올라가더니

신이 탁자 위에
용의 갈비뼈를 늘어놓더니

손의 움직임에 관한
동사는 몇 개나 될까

이미 끝난 이야기처럼
바다 산맥과 바다 산맥이
몸을 꼬아 물러나버리더니

파도가 에베레스트 위로 넘치더니

길 잃은 슬픔이 고래처럼 울부짖자
관객들이 갑작스러운 이명에 귀를 틀어막는다

물결이 미술관 바깥까지 솟구치더니

스무 개의 손가락으로 물 지붕을 만들어
그 안에 바다 산맥을 가두더니

웃음은 깊은 수심의 까만색 칼
깍지를 끼려다가 말더니

물속에서 팔이 백 개 천 개 만 개 서로 얽혔다
크고 무서운 얘기인가 했더니 작고 세세한 얘기였다

그동안 아주 깊은 곳으로 떨어진 네 개의 눈알은
한 번도 깜박이지 않았다

미술관이 그제야 심해에서 놓여나
방광을 비우러 화장실로 들어갔다

탁자 위에서 네 개의 팔 중에 두 개만 남고
두 개는 물러났다 네 개의 눈알은 그대로 떠 있었다

바다에서 태풍이 죽고
물의 시간이 지나갔다

바다의 애도 기간이 다시 시작되었다

연인과의 타이틀매치

사랑을 보여줘 하면
내 옷을 찢어야 하나
춤이라도 춰야 하나

사랑을 보여줘 하면
하늘에 뜬 물조리개로
머리에 물을 뿌리고 가서 보여주자
이 물이 마를 때까지만
사랑할게 그렇게 말하자

사랑을 보여줘 하면
갓 배달 온 세탁물처럼 비닐을 뒤집어쓰고 가서 말하자
이 안개 같은 비닐을 벗을 때까지 사랑할게

얼른 보여줘 자꾸 보여줘 하면
둘이 같이 비닐을 쓰고 비를 맞자
이 비닐을 벗고 싶을 때까지 사랑하자
그렇게 말하자

아니면 좁디좁은 우주선에 둘이 타고 우주로 나가서
냄새 지독하고 폐소공포증 터지는
우주선에서 내리고 싶을 때까지 사랑하자 그렇게 말하자

안개의 체온은 몇 도일까
유령의 체온은 몇 도일까

안개로 만든 말馬들과 싸우려면
어떤 권투 글러브가 적당할까

네가 사랑을 보여줘 해서
나는 연못을 칼로 네모반듯하게
잘라서 너에게 가지고 간다

몸에서 나가는 연습

우주인들이 물속에서 우주를 연습하듯이
꿈속을 여행하려면 물속에서 연습한다

물속에서는 우주선에서처럼 무조건 떠오른다
머리카락도 떠오르고 샐러드에서 셀러리가 일어선다
아폴로 10호에서처럼 똥도 떠오른다

우주선에서도 꿈속에서도 물속에서도
지독하게 고독한 어둠에 둘러싸여 있으니

귀신들과 반인반수와 새들을 초대해 밥을 먹고
빗줄기들을 초대해 식탁 곁에 커튼처럼 둘러놓는다

우주여행은 원래 내면으로의 여행과 닮았다 하니
물속에서도 죽은 사람들과 티타임 시간을 마련해보자
하나님은 잠들지 않는다 하니 초대하지 말기로 하자

사실 우주선은 너무 좁고 냄새도 심하다 하고

일인 잠수정처럼 소음 때문에 밖으로 뛰쳐나가고 싶다 하고

우리의 기억은 속임수에 능하다 하니

그럴 때는 꿈의 부력을 이용해보자

다큐멘터리 보는데
대학 들어간 김에 집을 떠나 서울로 간
영험하다는 무당 손녀에게
무당 일을 전수한 할머니가 전화를 걸어 하는 말
어디 돌아다니면 할머니가 먼저 아는 거 알지?

나는 우주에서처럼 떠올랐다
죽은 자의 정수리 냄새를 맡으며
산 자와 죽은 자를 가르는 강을 내려다보았다
나의 꿈과 물이 서서히 섞이더니 피가 흘렀다

아픈 사람이 잠든 집에는 아픔의 맥박으로 불이 환했다

내가 이걸 보려고 그토록 연습했나

나는 돌아가고 싶지 않아 울었다

이제 우리집에 대해 말해줄게

네가 바래다준다니
이제 우리집에 대해
말해줄게

우리집에 가려면 열일곱 개의 나무 사다리를 올라야 해
그중에 두 개는 수직으로 되어 있어

새들처럼 날아서 집으로 들어갈 수는 없겠지

벽 위에서 산다는 것

쟁반을 떨어뜨리면 천육백 미터 아래에서 큰 소리가 올라온다는 거
도둑은 오지 않지만 우리 중 몇몇은 가끔 떨어져

벽으로 걸어가서
서로 소리치는 엄빠 방을 엿보는 거
벽으로 걸어가서
화장실로 숨어들어가는 거

새도 살고 산양도 살지만
우리처럼 냉장고를 짊어지고 사다리를 오르지는 않지

상상해본 적 있어?
벽 위에서의 저글링
벽 위에서의 레슬링

벽 위에서 돼지를 기르고
벽 위에서 장례를 지내고

벽 위에 구멍을 파고 넣어둔 할머니 관

발아래 운무 위에 이불을 던져볼까?

학교에 가다가 그만 발을 헛디뎌볼까?

나무를 짊어지고 벽을 오르는 아빠를 향해
집을 밀어볼까?

단단하지도 않은 내 가슴팍에 지은 집

손잡고 같이 올라가볼래?

네가 나를 바래다준 다음 우리
집에 들어가볼래?

8부

나는 늘 당신 심장을 바라보는 버릇

나는 남의 심장을 보는 버릇
마을버스에 올라타면 심장들로 따뜻해, 환해

노을 속에서 생각해
이 세상이 누군가의 심장이라면

혹은 각자의 심장으로 불을 켜야 밝다면
지하철 가득 실려가는 빨간 등불들

빨간 시선
빨간 감각

등불을 켜려면 계속 몸을 움직여야 한다면
매일 돌아가는 회전판 위 저 태양처럼
우리 심장을 겨냥하는 검은 우주의 마에스트라처럼
한순간도 휴식이 없다면

잠자면서도 쉬지 않고
기절해서도 쉬지 않고

온몸을 다하면 보이는 것

당신 심장으로 켠 등불을 바라봐
당신 심장의 해변에서 저 노을을 쳐다봐

빨간 수영복을 입은 나와
빨간 물속에서 헤엄치는 인어들의 심장

빨간 얼굴 빨간 치아 사이에서
빨간 침이 뿜어져나오더니
내 빨간 얼굴 위에

빨간 얼굴의 빨간 비명
(화염에 싸인 아폴로1호의 비명)

하루종일 아름다운 노을 속에 산다면
아마 힘들 거야
(F1 그랑프리 애스턴마틴 밴티지의 코너링 비명을
하루종일 듣는 것 같을 거야)

나는 늘 당신 심장을 바라봐

불면의 심포니

죽어서 오는데 트럼펫을 들고 오다니
죽어서 오는데 클라리넷을 들고 오다니

운동화를 신고 온 것보다 더 이상한 일이야

병원복도 물속 하늘 속 할 것 없이
연주를 쉬지 않다니
바람 불고 비 오고 춥고 덥게 하다니
저들에게서 관악기를 빼앗아
물론 지휘봉도 빼앗아
저 구름에게 저 바람에게 음악 들려주지 않게 해

죽어서 오는데 튜바를 안고 오다니
죽어서 오는데 호른을 끌고 오다니

아스팔트 유령과 가로수 유령이 만나
긴 얘기 나누는 밤
다 퇴근하는데 혼자 연주 듣느라 퇴근도 안 하고

나는 음악과 함께일 땐 몸에서 떠난 느낌

일생을 비행기에서 보낼 팔자를 타고난 피아니스트처럼
두 발을 땅에서 떼고
머릿속에서 음악을 멈추지 않다니

저 음산한 방종을 어떡해

오늘 날씨 좀 봐
밤비 막 내리잖아

    —어떻게 음악 없는 데로 영원히 가?

    —거기에 음악이 있어?

암컷 귀신 트라우마

비단벌레 아줌마가 어두운 방구석에서
치마를 부풀리는데
전면은 흙빛이고
치마는 형광색으로 새파래지고
눈물 방울들은 진주보다 딱딱하고

쥐똥은 천장에서 똑 똑 떨어지고
지나온 길은 창자 속처럼 들끓는데

비단벌레 아줌마는
자꾸만 얼굴이 변하는 게 느껴져

누가 거리에서 아줌마 얼굴을 찬찬히 보나
누가 스쳐지나간 아줌마 얼굴을 기억하나
하지만 쥐똥만큼 작은 아줌마 얼굴이 자꾸만 변하는데
왜 이런 시절이 온 걸까
신라도 고려도 조선도 다 견뎠는데
왜 내 안색이 바뀌는 걸까

왜 나는 날개로 부끄러운 몸을 감싸고 싶을까
죽었으면 하는 넥타이들의 목록을 적어본다

떠난 이들의 표정이 변하는 것을 보려고
공책 귀퉁이에 하염없이 그 얼굴을 그려서
후루룩 넘겨보는 것처럼

비단벌레 아줌마의 어두운 방구석에서
귀신이 만들어지고 있어
존재를 다시 허락받고
열 손가락에 은반지를 낀 신라 공주 같은
귀신이 만들어지고 있어

내가 비단벌레를 묘사할수록 몸집이 커지는 아줌마

누가 귀를 잡아당기는 것처럼 숨이 막히고 있어
누가 치마를 걷어올리고
허벅지를 볼펜으로 찌르는 것처럼
누가 얼굴에 덮은 금동관을 벗기는 것처럼
떨고 있어

머릿속에다 총알을 까겠다는 자가 있어
총알이 곤봉처럼 머리 위에

쏟아지게 하겠다는 자가 있어

사라졌다 다시 나타난 남영동처럼
오십 년 만에 외상후스트레스증후군이
다시 치솟고 있어!

이래 봬도 나는 동물로 분류돼
비단벌레 아줌마가 흰 치마에
전국 비단 벌레 집사 연합 소박하게 쓴 다음
집을 나가고 있어

까마귀 고기를 잡수셨나?

엄마가 두고 간 오르간 뚜껑을 열면
초등학교 선생님이었던 엄마가 치는
슬픈 동요가 먼저 들린다

그다음 나를 잠의 망각 속으로 데려가는 떼까마귀떼
처음엔 엄마 떼까마귀 한 명 혼자 춤을 춘다
조금 있다보면 다른 떼까마귀떼 모두 춤춘다

가장 최근에 초상을 치른 사람에게 보이는 떼까마귀떼

비가 오지 않아 수십 일간 씻지 않은 떼까마귀떼 냄새

뭐하냐고 물어도 대답도 없이
파도처럼 몸을 흔들며 닥쳐오는 떼까마귀떼

망각의 나라에서 오시는 외교관들처럼

턱시도 입고 뒤꿈치에 힘주고 각자 몸은 흔들며
뭐든지 오르간에 맞춰 노래 부르다보면

다 잊어버리게 된다면서 영리한 모습으로

최대한 까만 몸을 까맣게 빛내며
죽은 쥐 얘기 죽은 비둘기 얘기
어떤 죽은 엄마가 산 아기 안고 있더란 얘기

어느 나라에 계엄이 내려진 얘기
억울하게 죽어서 이 나라를 떠나지 못하는 사람들 얘기
높이 날아올라 부패한 것만 보는 주제에
내가 오르간 페달에 발을 올리면 몰려나온다

까만 망각을 까아까아 떼까마귀떼가

나는 떼까마귀떼 가득한
그 작은 방을 품고 있었는데

부모는 자식에게 최대한의 망각을 물려준다는 생각

까마귀 고기가 나예요
까마귀 고기가 나예요

상처입은 영혼은
기억할 것은 기억 않고

기억하지 말아야 할 것은
다 기억해요

수십 번 죽음과 껴안아본 이는
사실 다 기억하면서 내놓지 않는 거예요

지금도 보시는 것처럼
나는 까마귀 고기를 소화중입니다만

떼까마귀떼는 망각의 나라에서
외교 행낭 짊어지고
쉬지 않고 몰려나온다

까마귀 고기 먹은 것
까맣게 잊고 또 몰려나온다

내일 아침 또다시 오겠다고 몰려나온다

까마귀 고기 먹지 않으려면 어떻게 해야 하나
나에게 총알처럼 가득 박히는 떼까마귀떼

혼자 뒤돌아본 순간

하늘에 떠가는 사람
땅 표면을 걷는 사람
땅속에 누운 사람
셋이 같은 얼굴인데
손잡고 가네

얼굴이 있는 사람
얼굴이 없는 사람
얼굴 대신 사과에
눈 코 입 걸린 사람

다른 사람의 눈동자 속에 사는 사람
다른 사람의 눈동자 밖에 사는 사람

걷다보면 검은 옷의 검정이 점점 날아가서
흰옷 입은 사람이 되는 사람

걷다보면 흰옷 위에 붉은 글씨
점점 피가 번지는 것처럼

이리 와 이리 와 하는 사람

걸어가면서 사슴이 되는 사람
하마가 되는 사람
하마 등에 올라앉은 새가 되는 사람
몸속에서 이미 목 졸린 사람

걷다가 혼자 뒤돌아보면
아무도 어제의 구름을 기억하지 못하듯이
몰려가고 몰려오는 자태

속

거대한 무無를 끌고 오던 한 사람

선생님이 출석부를 닫아버리듯
갑자기 닫히는 그 이름

땅 표면에서 멈춰버린 그 사람
다른 사람의 눈동자에서 떠나는 사람

저녁의 인형놀이

처리해야 한다
내가 제 어미인 줄 알고 징징거리는 저 염소를

브이자로 나는 저 철새들을
내가 제 그림자인 줄 아는 저 철새들을

내가 제 목구멍인 줄 아는 저 노을을
무엇보다 내가 제 발자국인 줄 아는 저 강아지를

내가 제 어미인 줄 아는 저것들을
처리해야 한다

풀 하나하나와 입맞추는 저 빗방울
내가 제 입술인 줄 아는 저 꽃잎들

슬픈 일을 어떻게 그렇게 오래 하죠?
물어보고 싶은
저 빗방울들

저 닭들
들판의 저 양떼들
녹슬어가는
내가 제 엉덩이인 줄 아는 저 자전거를
비 그친 뒤 자전거 위에 떨어지는 황금빛 햇살을

이 찻잔을 처리해야 한다
이 싱크대를 처리해야 한다
무엇보다 저 푸른 하늘을
내가 제 어미인 줄 아는 저것들을

나는 저 색깔들을 하나씩 눕혀야 한다
엄마 엄마 부르는 저것들을

흑백사진처럼
다시는 밝을 줄을 모르게

마지막으로 나는 여자 하나를 이 집에서 오려내야 한다
종이처럼 가벼이 해야 한다

나는 저 여자의 이름을 알아

오려낸 그 여자를 책갈피 속에 고요히 눕혀야 한다

김혜순의 편지

예전에는 고통으로 가득차서 시를 썼었어요.
그 시들을 쓰다가 어느 순간 찬물을 몸에 끼얹듯
다른 시를 써야겠다 생각했어요.

이게 바로 그 다른 시들입니다.

저는 이 시들을 편한 마음으로 썼어요.
리듬이 찾아오면 그냥 받아 적었어요.
작은 폭포처럼 떨어지는 말들을 적었어요.
그러니 독자님들도 작은 폭포 아래 앉아 있다 치고
시원하게 읽어주세요.

대부분의 독자님들은 저보다 새 사람이겠지만
저의 고통과 아픔은 정말 새것이라고 자부한답니다.
더구나 저를 찾아오는 리듬과 멜로디는 너무 젊지요.
저는 제 고통과 아픔과 리듬을 저의 청춘이라고 부른답니다.

저는 두 개의 파일을 만들어 이쪽저쪽 왔다갔다했어요.
그런데 한쪽 파일에 적은 시들을 쓸 땐 웃었고, 다른 쪽의 파일을 쓸 땐 울었답니다.

이 시들은 웃음의 그릇에 담았던 것들이지요.

이 시들을 쓰면서 고통도 슬픔도 비극도 유쾌한 그릇에 담을 수 있다는 걸 알게 되었답니다.

『죽음 트릴로지』를 쓰고 나서 저는 저를 씻어줄 물이 필요하다고 생각했어요.
이 시들을 만나지 못했으면 저는 얼굴에 죽음이 드리운 험한 사람이 되었을 것 같아요.
시체가 산처럼 높이 쌓인 지나간 시대처럼요.
제가 먹을 것을 사러 나갔는데 경찰 지구대 앞에 앉아 있는 어떤 미친 노숙자 아줌마가 저를 향해 외쳤어요.
캄캄하다! 캄캄하다! 캄캄하다!
저는 정말 어두운 사람이었습니다.
그러나 이 시들은 나를 직립하게 한 끈, 혹은 슬픔으로 팽팽한 철사였답니다.

저는 제가 없는 곳에서 제 시들과 함께하는 독자님들과 멀리서 건배! 하고 싶습니다.

저는 발 없는 명랑한 귀신이 되어 독자님들 곁에 가까이 있을게요.

Synchronized Sea Anemone

Translated by Mia You

Synchronized Sea Anemone

I would like you to realize
what kind of moment this is for me

Now I am a beautiful synchronized sea anemone
as if in water
even without any water

like the octopus rising out of my nose like clam flesh like the liver of an elephant
like an expansive tongue
I am neither plant nor animal nor fish nor reptile

my hand wrapped around you is like a bud bursting up from fresh earth
my head leaning against you is like a large flower petal, or rather
like a chicken comb as large as a wash basin

if I sing to you my gender changes

I become a woman and then
I become a man and then I go back
to neither woman nor man but a self-fertilizing sex

while I toss and turn with you my race changes
red race blue race pink race
when letting out a high note I have the face of a rodent
when letting out a low note I have the face of algae in water

when my body rises out from my body
when my body is the entire world

I really would like you to realize
what kind of moment this is

I am a radiant synchronized sea anemone
thousands of strings rising endlessly from my body
long strings in the air rippling as if in water but without any water

I don't want to tie anything with these strings
I don't want to hang onto anything

I just want to keep shaking the strings

I am just a sea cucumber anemone octopus eel woman
a woman who feeds on the water plants gushing out of me

Mia You

서울에서 태어나 캘리포니아에서 자랐다. 스탠퍼드, 하버드, UC버클리에서 학위를 받았다. 현재 네덜란드 위트레흐트대학교에서 영문학 교수로 재직중이다. 시집『Festival』(벨라도나, 2025)을 출간했다.

난다시편 001

싱크로나이즈드 바다 아네모네

ⓒ 김혜순 2025

1판 1쇄 발행 2025년 9월 5일　　　1판 2쇄 발행 2025년 9월 9일

지은이 김혜순
펴낸이 김민정
책임편집 유성원
편집 권현승 정가현
디자인 퍼머넌트 잉크
저작권 박지영 형소진 주은수 오서영 조경은
마케팅 정민호 박치우 한민아 이민경 박진희 황승현 김경언
브랜딩 함유지 박민재 이송이 박다솔 조다현 김하연 이준희
제작 강신은 김동욱 이순호
제작처 천광인쇄사

펴낸곳 (주)난다
출판등록 2016년 8월 25일
제406-2016-000108호
주소 10881 경기도 파주시 회동길 210
전자우편 nandatoogo@gmail.com
페이스북 @nandaisart　　　**엑스** @wingedpoems
인스타그램 @nandaisart
문의전화 031-955-8865(편집) 031-955-2689(마케팅) 031-955-8855(팩스)

ISBN 979-11-94171-82-9　03810

○ 이 책의 판권은 지은이와 (주)난다에 있습니다.
○ 이 책 내용의 전부 또는 일부를 재사용하려면 반드시 양측의 서면 동의를 받아야 합니다.
○ 난다는 (주)문학동네의 계열사입니다.
○ 잘못된 책은 구입하신 서점에서 교환해드립니다.
　기타 교환 문의 031) 955-2661, 3580